2015年度教育部全国高校出版社主题出版项目
2015年度四川省重点出版规划项目
2016年度四川省文化产业发展专项资金项目

中国古代文化线路——川盐古道
总主编：王子今　程龙刚

自贡古盐道

程龙刚　邓军　著

西南交通大学出版社
·成都·

图书在版编目（CIP）数据

自贡古盐道/程龙刚，邓军著.—成都：西南交通大学出版社，2021.10
（中国古代文化线路.川盐古道）
ISBN 978-7-5643-8291-9

Ⅰ.①自… Ⅱ.①程… ②邓… Ⅲ.①盐业史–四川 Ⅳ.①F426.82

中国版本图书馆CIP数据核字（2021）第206833号

中国古代文化线路——川盐古道

Zigong Gu Yandao

自贡古盐道

程龙刚　邓军　著

出 版 人	王建琼
责 任 编 辑	居碧娟
封 面 设 计	四川应该文化传播有限公司
出 版 发 行	西南交通大学出版社 （四川省成都市金牛区二环路北一段111号 西南交通大学创新大厦21楼）
发行部电话	028-87600564　028-87600533
邮 政 编 码	610031
网　　　址	http://www.xnjdcbs.com
印　　　刷	成都市金雅迪彩色印刷有限公司
成 品 尺 寸	170 mm × 240 mm
印　　　张	12.5
字　　　数	209千
版　　　次	2021年10月第1版
印　　　次	2021年10月第1次
书　　　号	ISBN 978-7-5643-8291-9
定　　　价	48.00元

图书如有印装质量问题　本社负责退换
版权所有　盗版必究　举报电话：028-87600562

"中国古代文化线路——川盐古道"丛书编委会

总 主 编：王子今　程龙刚

委　　员：（按姓氏笔画排列）

　　　　　王子今　邓　军　刘　乐　李　敏

　　　　　杨雪松　宋青山　周　劲　周瑜昆

　　　　　周翠微　赵小平　赵　逵　黄　健

　　　　　程龙刚　魏登云

本成果同时还得到四川省文物局"四川省文物保护专项资金补助项目——盐业遗址保护与研究"的资助。

序一

王子今[1]

明人何宇度《益部谈资》卷下写道："'蜀道难'自古记之。梁简文帝诗云：'巫山七百里，巴水千回曲。'为川东舟行峡中作也。李白诗云'不与秦塞通云烟'，为川北栈道作也。大都蜀道无不难如上青天者，峡固险矣，而陵亦匪夷。如夷陵至巴东之陆程，则视栈道何异？是其难又在楚不在蜀耳。"[2] 这里虽然没有直接说到川滇、川黔通道，但是可知古人其实已经注意到蜀地通往各个方向的道路都必须克服山岭阻隔，即所谓"大都蜀道无不难如上青天者"。有理解"蜀道"就是"蜀中的道路"者，有的辞书也作这样的解说。[3] 这样的认识不符合人们通常所理解的"蜀道"语义。[4] 不过，言"蜀中的道路"各有其"难"，则是确定的事实。不同的道路走向，或言"固险"，或言"匪夷"，人们克服艰难开辟这些交通线，用以从事品类繁多的物资运输。其中"盐"，是最基本的生活必需品，是人类保障生存最重要的条件之一。盐运于是成为对于国计民生具有特殊意义的交通行为。"川盐古道"的重要与艰险，历来为人们瞩目。

盐产与盐运的开发与控制，与文明进程有密切的关系。《世本·作》记述了"宿沙作煮盐"的传说。[5]《说文·盐部》写道："盐，卤也。天生曰卤，人生曰盐。""古

---

[1] 王子今：中国人民大学国学院教授，中国秦汉史研究会顾问。
[2] 文渊阁《四库全书》本。
[3] 汉语大词典编辑委员会、汉语大词典编纂处编纂：《汉语大词典》，汉语大词典出版社1991年版，第8卷第1036页。
[4] "蜀道"是在特定交通史阶段形成的具有较明确指向的交通线路，即穿越秦岭巴山的川陕道路。在秦以后形成的高度集权的统一王朝管理天下的政治格局中，国家行政中枢联系蜀地的交通道路即所谓"蜀道"，定义是明确的。特别是李白名诗《蜀道难》问世之后，"蜀道"即交通"秦塞"的川陕道路的名义益为明朗。
[5]《太平御览》卷八六五引《世本》："宿沙作煮盐。"注："宋衷曰：宿沙卫，齐灵公臣。齐滨海，故卫为渔盐之利。"中华书局用上海涵芬楼影印宋本1960年2月复制重印本，第3840页。《世本》雷学淇校辑本"渔盐"作"鱼盐"，谓"三皇时制作"。〔汉〕宋衷注，〔清〕秦嘉谟等辑：《世本八种》，中华书局2008年版，《世本》雷学淇校辑本第76页。

者夙沙初作鬻海盐。"①盐业，是文明初期较早发挥重要作用的产业。四川地方盐产资源的优越，使得借助盐运实现与其他地方的经济交流与文化交流，成为重要的历史文化条件。文明的发生与文明的发育，离不开"盐"的作用。而"川盐"内涵凝重、滋味深厚的历史表现，透露出延续千百年的深层探索的精神、世代创新的意识和宽怀闳放的胸襟。

自贡市盐业历史博物馆学术基础雄厚、学术交往活跃、学术研究积极，以其卓越的学术实力，曾经推出数量丰富的成果，质量均为上乘。由自贡市盐业历史博物馆组织创作、西南交通大学出版社出版的教育部全国高校出版社主题出版项目"中国古代文化线路——川盐古道"丛书，包括《自贡古盐道》《川滇古盐道》《川黔古盐道》《川鄂古盐道》等，分别介绍这几条古盐道通行历史、线路走向、往来方式以及盐道沿途的丰富文化遗存。这项工作当然是具有特别重要的学术意义的。

我们曾经关注过秦汉时期的盐产与盐运。《汉书》卷二八《地理志》载录各地盐官35处，其中蜀郡临邛、犍为郡南安、益州郡连然、巴郡朐忍，是巴蜀地方的盐官。杨远又作补考，其中有越巂郡定莋、巴郡临江。这样，巴蜀盐官计有6处。又《水经注》卷三三《江水》："江水又东迳临江县南，王莽之监江县也。《华阳记》曰：'县在枳东四百里，东接朐忍县，有盐官。自县北入盐井溪，有盐井营户，溪水沿注江。'"②如果计入"临江"，则西汉盐官《汉志》35处，严耕望考补2处，杨远考补6处，加上《水经注》此条信息所见1处，合计44处中，巴蜀占有7处，占全国盐官数量的15.9%。只是以进入国家行政序列的"盐官"讨论"川盐"，这样的认识显然是并不全面的。

秦汉时期巴蜀及周边地区大致以质量优异的井盐产品自给。井盐生产，是有世界史意义的伟大发明。分析自贡盐产及"川滇""川黔""川鄂"古盐道，从"文化线路"的视角考察区域交通系统及相关经济格局与文化态势，是非常有意

----

① 段玉裁注："《周礼》：盐人掌盐之政令。有出盐直用不涷治者，有涷治者。""夙，大徐作宿。古宿、夙通用。《左传》有夙沙卫。《吕览注》曰：夙沙、大庭氏之末世。《困学纪闻》引《鲁连子》曰：古善渔者，宿沙瞿子。又曰：宿沙瞿子善煮盐。许所说盖出《世本·作》篇，所谓'人生曰盐'也。"〔汉〕许慎撰，〔清〕段玉裁注：《说文解字注》，上海古籍出版社据经韵楼藏版1981年影印版，第586页。
② 〔北魏〕郦道元著，陈桥驿校证：《水经注校证》，中华书局2007年版，第774页。"监江县"，文渊阁《四库全书》本作"盐江县"。

义的学术课题。西汉成、哀间,出身成都的商人罗裒"贾京师","往来巴蜀","赊贷郡国",又"擅盐井之利,期年所得自倍,遂殖其货",遂以成功的工商业主名著史籍。①大概经营盐运是当时便捷的致富途径之一。四川出土汉代画像砖反映盐业生产的画面中对于盐运情景的精心描绘,也突出显现出马克思曾经强调的运输"表现为生产过程在流通过程内的继续"②的意义。而盐运引致的文化交流与文化融合,在相关"文化线路"遗存中保留了珍贵的历史信息。认识、说明并理解相关历史文化现象,是历史学者和文化学者的任务。

盐因民生意义的重要,渗透到文明史的各个层面,浸渍着不同地区渊源有异的多种文化存在。"中国古代文化线路——川盐古道"丛书分别进行研究,诸多学养深厚的作者辛苦踏查,精心撰述,完成了这套学术杰作。古道考察的收获,学术深思的心得,现在呈示在读者面前。其中颇多精致的学术新见,若干研究心得对学界的提示,又可能导致出现新的学术生长点。

这套"中国古代文化线路——川盐古道"的面世,无疑是盐业史、交通史研究方向新的学术推进。对于"川盐古道"今后进一步的考察和研究而言,提供了新的学术基点,开启了新的学术路径,由此也可以预见新的学术前景。

谨此向"中国古代文化线路——川盐古道"的作者表示祝贺,向自贡市盐业历史博物馆的朋友们表达诚挚的敬意。

2018 年 7 月 18 日

---

① 《汉书》卷九一《货殖传》:"至成、哀间,成都罗裒訾至巨万。初,裒贾京师,随身数十百万,为平陵石氏持钱。其人强力。石氏訾次如、苴,亲信,厚资遣之,令往来巴蜀,数年间致千余万。裒举其半赂遗曲阳、定陵侯,依其权力,赊贷郡国,人莫敢负。擅盐井之利,期年所得自倍,遂殖其货。"中华书局 1962 年版,第 3690 页。
② 马克思:《资本论》第 2 卷,《马克思恩格斯全集》第 24 卷,人民出版社 1972 年版,第 170 页。

序二
程龙刚[①]

四川盐业历史悠久，源远流长。从《华阳国志·蜀志》记载的蜀守李冰"穿广都盐井"起，四川盐业已走过 2200 多年的灿烂历史。在漫长的历史长河中，四川盐业曾出现两个辉煌时期——太平天国运动时期与抗日战争时期。在这两个时期，川盐形成了巨大的运销网络和广阔的销售市场。太平天国运动时期，川盐除供应本省 138 个县以外，还远销湖南、湖北、云南和贵州等省 120 余个县；抗日战争时期，川盐除行销本省 149 个县以外，还运销湖南、湖北、云南、贵州、西康和陕西等省 180 多个县。川盐如此庞大的运销网络和广大的销售市场催生了运输食盐的水陆混合型道路。"修亿万人往来道路，开数十代远大途程。"这些盐道由盛产井盐的巴蜀地区出发，抵达川、渝、湘、鄂、滇、黔、陕等省市诸多的城镇和村落，成为数千年间这些地区经济文化交流的重要孔道，沉淀了盐味十足、丰富深厚的盐运文化遗产。

令人遗憾的是，长期以来学界对川盐古道缺乏系统而深入的梳理、调查、研究，文物主管部门对川盐古道上的盐运文化遗产缺乏应有的认识和重视，从而导致大量的盐运文化遗产飞速地消失，面临危局。为此，2014—2015 年，自贡市盐业历史博物馆组织科研人员开展了大型学术考察活动——"寻访川盐古道"，对川、渝、滇、黔、湘、鄂、陕境内的盐运文化遗产进行了大规模的田野调查，中国社会科学院考古研究所、北京大学考古文博学院、中国人民大学国学院、四

[①] 程龙刚：自贡市盐业历史博物馆馆长、研究馆员，《盐业史研究》杂志社主编，四川省文物局专家库专家，四川师范大学专业学位研究生导师，中国商业史学会常务理事，中国商业史学会盐业史专业委员会副主任，中国商业史学会川商专业委员会副主任。

川省文物考古研究院、重庆市文化遗产研究院、贵州省文物考古研究所、湖南省文物考古研究所等单位的专家学者也应邀参加了考察。在为期约 110 天的考察时间里，考察团跋山涉水、顶酷暑冒严寒，行程数万公里，走遍了川、渝、滇、黔、湘、鄂、陕的山山水水、沟沟坎坎。

在此次学术考察活动中，我们全面细致地调查了川盐古道的运输路线，以及川盐古道上的码头、桥梁、堰闸、碑刻、驿站、盐号、盐店、盐仓、税卡、关隘、祠堂、庙宇、会馆、牌坊、摩崖石刻、运盐工具、古街、古镇等物质文化遗产和与盐运关联的仪式活动、船工号子、运盐习俗、民间歌曲、饮食文化等非物质文化遗产。通过深入系统的调查，我们发现川盐古道呈网络状辐射，像血脉一样串起周边地区的大小城镇和村落，绵亘在武陵山、大巴山、大娄山、乌蒙山、横断山脉等山区，沿沱江、永宁河、大宁河、赤水河、南广河、清江、沅江、酉水、郁江、乌江、雅砻江、金沙江等江河延伸，最后抵达川、渝、滇、黔、湘、鄂、陕等销区。正是依靠这些山山水水，川盐古道沟通了盐产地、沿线地区和销区的经济与文化，促进了土家族、苗族、彝族、仡佬族等少数民族地区与外界的交流。从这个意义上讲，川盐古道既是经济的生命线，又是文化的大走廊，可与南方丝绸之路、茶马古道媲美。

在学术考察取得阶段性成果的 2014 年 10 月 24—26 日，自贡市盐业历史博物馆联合四川省文物考古研究院、重庆市文化遗产研究院、中国盐文化研究中心在盐都自贡举办"川盐古道与区域发展学术研讨会"，来自全国 9 个省（直辖市、自治区）、67 个单位的 134 位专家学者出席研讨会。中国社会科学院考古研究所王仁湘研究员、北京大学考古文博学院李水城教授、中国人民大学国学院王子今教授、北京大学文化遗产保护研究中心孙华教授、西南大学历史地理研究所所长蓝勇教授等专家学者均作了主题报告。在分组讨论会上，与会代表围绕川盐古道的线路、川盐运销与流域开发、川盐古道与区域社会变迁、川盐古道与人口迁移、川盐古道与集镇商业、川盐运销与民族地区开发、历史时期川盐运销管理体制、川盐古道与文化遗产等议题进行了广泛而深入的讨论。此次学术研讨会第一次研讨了"川盐古道与区域发展"的学术主题，取得了"迄今最完备的以'川盐古道'为主题的学术成果"。

会后，自贡市盐业历史博物馆与西南交通大学出版社联合策划了"中国古代文化线路——川盐古道"丛书，分为《自贡古盐道》《川滇古盐道》《川黔古盐道》

《川鄂古盐道》等。这套丛书一个很大的特点是作者做了大量的田野调查和文献梳理工作，仔细考证了川盐古道各主要路段的路线分布，分类整理了与盐运活动相关的文化遗产，图文并茂，让读者既能感悟川盐古道厚重的历史，又能体验鲜活的田野现场，亲身去认识川盐古道的多维样貌。"中国古代文化线路——川盐古道"丛书是继自贡市盐业历史博物馆编著的《川盐文化圈图录——行走在川盐古道上》《川盐文化圈研究——川盐古道与区域发展学术研讨会论文集》后，系统研究川盐古道的最新学术成果，对于今后川盐古道的考察和研究而言具有极高的资料价值和学术价值。正是基于这样的重要价值，"中国古代文化线路——川盐古道"丛书先后入选2015年度教育部全国高校出版社主题出版项目、2015年度四川省重点出版规划项目、2016年度四川省文化产业发展专项资金项目。

回溯川盐运销的历史，我们发现川盐古道铺就了一条如同史诗般的盐文化传播走廊，留存的盐运文化遗产不仅"诉说"着曾经的历史，还对当下的社会经济发展和区域文化建设有现实层面的推动作用。我们真诚期望在今后的工作中，川盐古道沿线地区建立起协调机制，继续开展深度调查和综合研究，用文化线路的视野将其联合申报为全国重点文物保护单位，进一步加强文物保护力度，着力打造盐运文化景观，以协同推进川盐古道文化线路遗产的保护与利用。

是为序！

目录

001 盐道形成
- 002 自贡井盐生产
  - 传统井盐生产技艺
  - 古盐井
- 015 自贡井盐销区
- 016 自贡盐运路线
  - 盐运陆路
  - 盐运水道

028 陆路盐道
- 汇柴口古盐道
- 磨刀岭古盐道
- 艾叶大码头古盐道
- 贡井老街古盐道
- 黄石坎古盐道
- 苟氏坡古盐道
- 中桥古盐道
- 徐家村古盐道
- 回龙桥古盐道
- 登云大道
- 大石门古盐道

039 水路盐道

039 古桥
重滩桥
平康桥
平桥
济元桥
中桥
富远桥
凤凰桥
观音桥
高硐桥
善后桥
解放桥

052 码头
艾叶滩沱湾码头
艾叶大码头
顺海井码头
自流井老街码头
仙市码头
詹井码头
邓关码头

061 堰闸
平康堰闸

中桥堰闸
五皇洞堰闸
雷公滩堰闸
老新桥船闸
金子凼船闸
庸公闸
济运闸

075 **盐运碑刻**

漆树乐善坊碑
培修新桥碑
金子凼船闸碑
邓关盐船会所碑
牛佛义渡碑
重修凤凰桥碑
震复桥碑
患除不均石刻
沿滩上下船只碑记

094 **传统聚落**

094 古镇

艾叶古镇

仙市古镇
邓关古镇
狮市古镇
牛佛古镇
赵化古镇
长滩古镇
永安古镇
仲权古镇
回龙古镇

119 老街
自流井老街
贡井老街
凉高山老街
大山铺老街
漆树老街
詹井老街

126 寨堡
三多寨
集生寨
大安寨

136 传统建筑

136 会馆庙宇

西秦会馆
贡井南华宫
贡井贵州庙
仙市天上宫
仙市南华宫
牛佛万寿宫
回龙禹王宫
自流井炎帝宫
自流井王爷庙
牛佛王爷庙

152 祠堂

玉川公祠
子诚公祠
李亨祠堂
贡井陈家祠堂
阁乐祠

165 盐商宅邸

胡慎怡堂宅邸
张伯卿公馆
胡廷洁公馆

天禄堂

涵园

罗园

173 非物质文化遗产

173 船工号子

174 诗词

173 会节

175 饮食

富顺豆花

太源井晒醋

水煮牛肉

掌盘牛肉

退鳅鱼

罗氏糍粑

黄氏蜇蜘儿（蜘蛛）粑

郑抄手

五香豆腐干

181 参考文献

182 后记

盐道形成

食盐，古代国人将其视为"国之大宝"和"百味之祖""食肴之将"，是人类社会中不可或缺的重要物品。四川盐业在西南地区有重要的社会经济和文化影响。"蜀中盐业，关系国家税收、西南经济、川民生计者至重，数千万人得免淡食，数十万人恃为衣食，影响之巨，有非他业所可比拟。"[①]四川自贡盐区是全川最重要的产盐中心，是中国旧式工业中规模宏大、组织繁杂、分工详细、技术独到的场所。[②]自贡盐场，一般又称作富荣盐场，由富荣东场（自流井盐场）和富荣西场（贡井盐场）两大产盐片区组成。自贡盐场在近代被誉为"富庶甲于蜀中"的"川省精华之地"，井盐生产繁忙，所产食盐通过水道和网状式的陆路销往周边地区及贵州、湖北、湖南、云南等地。

20世纪20年代的自贡盐场（哈安姆摄）

[①] 杨公庶、王舜绪：《川南盐场概况与关系工业最近之展望》，1937年，第117页。
[②] 谭旦冏：《中华民间工艺图说》，华冈出版部1972年版，第38页。

所谓盐道，即盐路，是指连接食盐产区和销区的通道，或指食盐产区内用于食盐中转的道路。自贡盐道是中国众多食盐运输线路中影响极为深远、文化极其厚重的盐道。自贡盐道既是区域经济的生命线，又是文化的大走廊。自贡盐道让自贡盐场沟通了周边地区，使盐都自贡沉淀了丰富多彩的盐文化。在漫长的历史长河中，随着井盐生产的发展与繁荣，自贡盐道逐渐形成了一个较为完整的以盐文化为特质的遗产体系。

20世纪30年代的自贡盐场（孙明经摄，1938年）

自贡井盐生产

自贡地区的井盐生产至迟起源于东汉章帝年间（76—88），晋代渐具规模，唐代日趋发展，宋代闻名于世，明代进一步发展，清咸丰、同治年间（1851—1875）步入鼎盛，抗日战争时期走向辉煌。尤其是晚清至民国时期的自贡盐区，盐井棋布，宛如西欧工业都市。[①]据不完全统计，近2000年来，自贡地区凿成的盐卤井和天然气井至少达12 000口。迄今为止，自贡盐场累计生产井盐1亿多吨。

20世纪40年代的自贡盐场（来源：美国《国家地理》，1944年）

传统井盐生产技艺

制盐业是我国古代和近代极为重要的手工业门类，因井盐、海盐、池盐等盐种的差异，全国各地有不同的制盐技艺。自贡地区的传统井盐生产技艺主要包括深井钻凿、修治井、卤水汲取与输送、天然气或煤炭熬盐技艺，在2006年入选第一批国家级非物质文化遗产名录。

凿井。宋代以前，四川井盐生产所需的盐卤资源来源于人力挖掘的大口浅井或自然流出的盐泉，盐卤的数量和质量均受到根本的限制。北宋庆历年间（1041—1048），四川地区开始采用冲击式顿钻凿井法，运用此法凿成的深层盐井被统称为卓筒井。这是中国古代钻探科技史上的重要原创性发明，人类逐渐开始向深层

[①] 朱偰：《自流井视察记》，《世界文化》1941年第4期。

地质凿进，故其被学界誉为"现代钻井之父"和"西方石油工业之父"。清代中后期，深井钻凿技艺在自贡盐场得到进一步发展和成熟，形成了定井位、开井口、下石圈、凿大口、下木柱、搯泥、凿小口这一整套程序化的凿井技艺。

凿井（孙明经摄，1938年）

修治井。在进行钻凿作业及凿成后的生产过程中，常会遇到各种事故，需不断进行盐井的维护和修治井等工作。四川盐井的修治井技术在明代中叶初步发展起来，清中期在自贡地区逐渐完善和成熟。这一整套技术包括修补井腔、打捞落物、纠正井斜、修治木柱、淘井等，以保障钻至卤水层或天然气层，并确保凿成后正常生产。

修治井工具

汲卤。我国井盐生产中采卤技术的演进经历了较漫长的过程。从早期自然盐泉的采集，秦汉时期大口盐井的楼架提汲卤水和木龙采卤，逐步发展为北宋卓筒井时期的单向阀汲卤筒采卤，再演进为明清至民国时期的深井提捞法采卤。自贡地区传统的深井汲卤法，系利用天车（井架）、地车（绞盘）和滑轮配合，将汲卤筒放入井底汲取卤水，再将其提取出井口，最后将卤水输送至灶房。

汲卤筒放出卤水

牛力推动地车（绞盘）汲卤

　　输卤。我国早期的井盐输卤技术采用的是渠道输卤和管道输卤，明清时逐步完善为竹笕输卤。竹笕是自贡等盐场用于输送卤水的工具。竹笕输卤，系应用流体力学和自然连通器原理，将盐井与盐灶之间卤水的输送、分流、配送、提高扬程的功能完整地发挥出来，进而将卤水输送至盐灶熬煮成盐。竹笕输卤工程中主要使用了笕管、笕楼、笕窝、木楻桶及提水马车等重要设备。自贡盐场曾随处可见输卤竹笕蜿蜒山野，如同盐场的"动脉"。

蜿蜒山野的输卤竹笕（孙明经摄，1938年）

输卤竹笕群（来源：《四川盐政史图册》）

熬盐。四川盐场传统的制盐方式为煎煮，将卤水熬干后成盐。自贡盐场是我国最早开发、利用天然气的地区，熬盐的燃料主要为天然气和煤炭。按盐品的种类，熬成的食盐可分为巴盐和花盐两大类。

生产花盐

生产巴盐

古盐井

古老的盐都自贡曾遍布盐井，19世纪中叶，自贡地区的富荣盐场成为我国最大的手工工场。燊海井、东源井、吉成井等清代古盐井至今见证着自贡悠久的井盐生产历史，是自贡盐场传统制盐场景及其技艺的"活化石"。

燊海井是世界上第一口人工开凿的超千米深井，凿成于1835年，当时井深1001.42米。其凿成之初，日产黑卤14立方米，日产天然气8500立方米，烧盐锅80余口，日产盐14吨左右，是一口卤水和天然气同产的高产井。燊海井盐作坊坐落于大安区长堰塘，核心区域占地面积约6000平方米，包括碓房、大车房、灶房、柜房、盐仓等主要建筑及碓架、天车、大车等主要生产设备。以燊海井为代表的深井钻凿技术是我国古代钻井工艺成熟的标志，综合反映出我国古代钻井技术的发展水平，是世界科技史上的重要里程碑。1988年，燊海井被国务院列为第三批全国重点文物保护单位。

燊海井鸟瞰（程悦菲摄）

燊海井

燊海井利用天然气煮盐

　　东源井是我国产天然气时间最长且至今仍在生产的卤水和天然气同产井，是自贡盐场传统采气技术的典型代表。东源井所采用的低压天然气篾盆裸井敞

东源井古盐场鸟瞰（程悦菲摄）

口无阻采气技术在我国天然气开采技术史及井盐科技史上具有重要地位。其坐落于贡井区建设镇重滩村，清咸丰八年（1858）开钻，边钻边产，至民国24年（1935）最终全部凿成，井深约948米。该井投产至今，一直保持高产、稳产记录，在自贡古盐场的众多盐井中，生产时间最长，采气量最大，是自贡盐场火井中的"王牌井"。该井100多年来长久不竭、源源不断地涌出天然气，已成为世界地质学界重要的研究标本，吸引了中外地质钻井、天然气开采专家学者的关注。现存的两册清代和民国时期的东源井凿治井记录——岩口簿，在2015年成为国家档案文献遗产。2013年，东源井古盐场被国务院列为第七批全国重点文物保护单位。

东源井天车及井房

东源井地车

东源井输气竹笕

东源井灶房

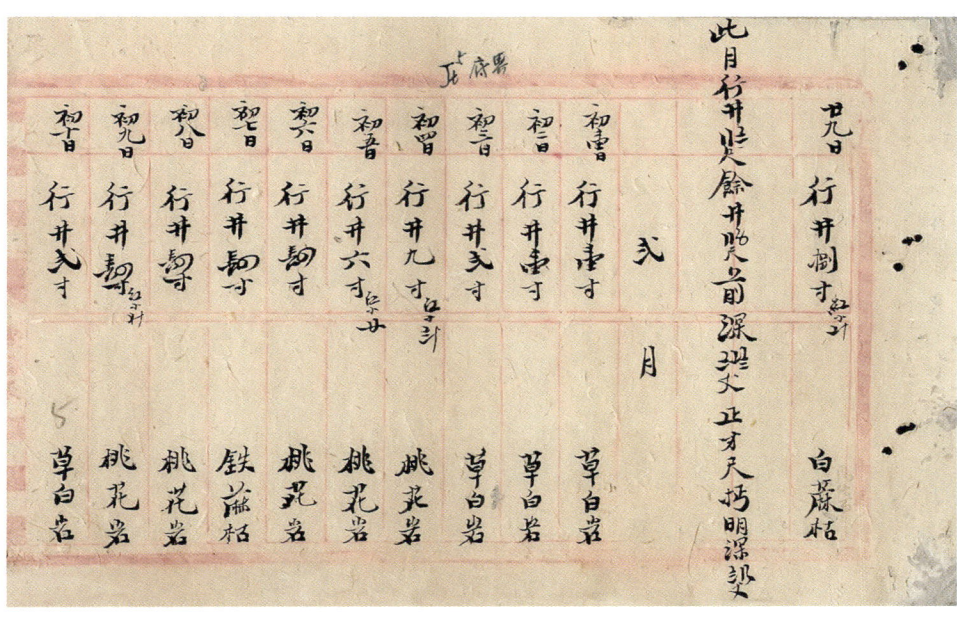

东源井岩口簿

吉成井盐作坊是我国现存盐井和天车架最密集的盐业遗址群，主要包括吉成井、天成井、益生井、裕成井4口超千米深井，4座天车，以及碓房、灶房、盐仓等附属盐业生产设施。其占地面积约16 600平方米，规模宏大，保存完整。

吉成井盐作坊鸟瞰（程悦菲摄）

吉成井盐作坊

4口盐井均开凿于晚清,各井深度为1100~1213米,井口直径均10厘米左右。该盐业遗址群是自贡盐业和中国井盐发展的历史见证,是研究中国井盐科技史、近代经济史的重要实物,记录了从传统的钻井汲卤技术到近代机器采卤的历史发展过程,是我国井盐科技发展的一个缩影,具有极其重要的历史价值和科研价值。4座天车高大雄伟,是自贡作为千年盐都的重要人文景观,是自贡的城市文化符号。2013年,吉成井盐作坊遗址被国务院列为第七批全国重点文物保护单位。

自贡井盐销区

自贡所产井盐除满足本地区及周边民众食用外,大量井盐都向省外运销。至迟在元代,自贡井盐已销往外省。晚清至民国时期,自贡井盐销区有了较清晰和完整的文献记载。清咸同年间(1851-1874),自贡盐场生产的食盐除行销本省40余州县外,还远销滇、黔、湘、鄂等省100余州县。抗日战争时期,随着川盐"增产赶运"政策的实施,自贡盐场的销区规模在这一时期达到极盛,自贡盐大量运销川、黔、鄂、湘、滇等地。

吉成井盐作坊灶房

吉成井盐作坊天车维修

自贡井盐销区有引岸和票岸之分，盐种从销售角度上讲亦有引盐和票盐之别。据张肖梅博士等人在抗日战争时期的调查研究报告《川盐实况及增产问题》统计，富荣盐场在这一时期的引盐销区达150个市、县，包括以下地区[1]：

贵州：贵阳、仁怀、习水、遵义、绥阳、桐梓、正安、道真、大定、瓮安、威宁、毕节、黔西、金沙、织金、水城、贵筑、息烽、修文、龙里、贵定、开阳、定番、大塘、广顺、长寨、罗甸、赤水、都匀、平舟、炉山、麻江、八寨、丹江、平越、湄潭、余庆、荔波、独山、三合、岑巩、青溪、玉屏、思南、德江、沿河、印江、务川、后坪、镇远、三穗、施秉、天柱、黄平、台拱、剑河、铜仁、江口、省溪、石阡、凤冈、松桃、大定、安顺、普定、清镇、镇宁、郎岱、平坝、紫云、普安、安龙、兴义、兴仁、关岭、安南、贞丰、盘县、册亨。

湖北：江陵、公安、石首、监利、松滋、枝江、宜都、宜昌、襄阳、宜城、南漳（漳）、枣阳、各城、光化、均县、郧阳、房县、竹山、竹溪、保康、郧西、钟祥、潜江、荆江、当阳、远安、利川、建始、宣恩、恩施、五峰、咸丰、来凤、鹤峰。

四川：合江、綦江、南川、酉阳、秀山、黔江、彭水、叙永、古蔺、古宋、广安、岳池、大竹、渠县、达县、宣汉、万源、涪陵、忠县、丰都、石柱、万县、泸县、江津、江北、巴县、长寿、垫江、邻水、南川及重庆。

湖南：澧县、石门、慈利、安乡、临澧、大庸。

除引盐销区外，富荣盐场在抗日战争时期的票盐销售区域为自贡、富顺、荣县、威远、内江、资中、隆昌、荣昌、永川、璧山、泸县、宜宾、南溪等12县1市。[2]这段时期，富荣盐场的引盐和票盐销区共160余市、县。此外，自贡井盐在清代至民国时期还长期运销云南昭通、曲靖等地。

自贡盐运路线

自贡地区由于食盐运销的繁荣，逐渐形成了以自流井、贡井为中心，沟通成都、重庆和接连黔、滇、鄂、湘等地的食盐运输路线网，形成了呈线状分布的

---

[1] 张肖梅、朱觉方：《川盐实况及增产问题》，中国国民经济研究所丛书，1939年，第82页。
[2] 张肖梅、朱觉方：《川盐实况及增产问题》，中国国民经济研究所丛书，1939年，第85页。

由水路和陆路混合类型构成的井盐运输路线。自贡地区食盐外运在民国时期已形成了7条主要的陆路通道和1条水运航道，它们以富荣东场和富荣西场为中心向四周渐次辐射。自贡盐运水路主要依托旭水河、釜溪河及沱江外运，陆路则以盐场为中心向四周辐射。

抬盐上船（来源：美国《国家地理》，1944年）

人力车运盐（来源：美国《国家地理》，1944年）

盐运陆路

东汉到唐宋时期，自贡地区的盐业生产发展较快，所产之盐除行销本地之外，开始大规模地利用人背马驮贩运至外地销售。元代至顺元年（1130），朝廷诏令川盐行销贵州，开自贡井盐行销黔省之始。明洪武元年（1368），为了得到云南地区的良马，明朝政府令自贡井盐运往云南的乌蒙（今昭通）、东川、芒部（今镇雄）等处易马，开自贡井盐行销滇省先河。清中叶以后，由于"川盐济楚"，自贡地区迎来了盐业生产发展史上的第一个"黄金时代"，经济繁荣，商旅辐辏，最终形成了以自流井、贡井为中心，沟通成都、重庆和连接滇、黔、湘、鄂的食盐运输线路。这些盐运陆路全部为石板路，一般宽度为1～2.5米。当时，自贡地区生产的食盐通过陆路运输"东扩西进""南下北出"，源源不断地输往各地行销，形成了7条外运的主运道，总里程有八九百千米。

马帮运盐（来源：《抗战记忆：台湾征集图片集（1931—1945）》）

井富路。自流井到富顺有三条大道：一是从自流井下桥出发，经汇柴口、一对山、毛家坝、糍粑坳、沙坪、十里坡、詹家井、朝田铺到富顺，全长约47.5千米。二是从自流井下桥出发，经汇柴口、糍粑坳、十里坡、詹家井、王家井、太源井、邓井关到富顺县，全长约52.5千米。三是从自流井龙井出发，经横店子、柑子坳、姚家坝、仙滩、瓦宅铺、古佛坎到富顺，全长约47.5千米。这三条以自流井为起点的道路至富顺县后，经柑坳、戴家寺、李子铺、傅家桥、骡子滩至隆昌，全长约60千米，与东大路连接，下行经荣昌、永川至重庆，是自贡通往重庆的重要道路。

井泸路。从自流井下桥（贡井从老街子起，经中桥、三台寺、牛栏湾、济公寺、土地坡至下桥）出发，经汇柴口、一对山、毛家坝、糍粑坳、沙坪、十里坡、詹家井、王家井、太源井、邓井关、赵化、怀德、胡市到食盐水运的中转港口泸州，全长约135千米。

井荣路。从自流井、贡井到荣县，运盐的道路一共有四条：一是从自流井经贡井、艾叶滩、程家场、梧桐场到荣县，全长约55千米；二是从自流井经贡井、艾叶滩、程家场、双石桥、望家滩到荣县，全长约59千米；三是从自流井经贡井、艾叶滩、秀才坡、白庙子、李子桥、双石桥、望家滩到荣县，全长约57千米；四是从自流井经贡井、长土、桥头铺、龙潭场、李子桥、双石桥、望家滩到荣县，全长约63千米。这四条道路到荣县后，一条经井研、仁寿、中和场到达成都；另一条从荣县经铁厂铺、老金台、长山桥、来牟铺、竹园铺、三江、马踏、新场、篾子街到达乐山，全长约160千米。有研究指出："到荣县的石坂（板）大道最迟在汉代就已经形成了，它是古代自贡地区政治、军事、经济的主要通道。这条盐道在运出盐的同时，还将荣县及其附近生产的煤、粮、油及篾制品运回自贡。"①

井叙路。从自流井下桥出发，经汇柴口、肖家庙、毛头铺、胡家坳、孔滩、邱场、王场到叙州府（今宜宾），全长约122千米；从贡井老街子出发，经筱溪街、苟氏坡、石灰窑、白林坳、舒家坳、双石铺、漆树、白马、百花、永兴场、打铁坳、宗场、鸢黄楼，然后过河到达叙州府，全长约115千米。以上两条线路至叙州府后，与通往云南昭通、东川等的石门道（即秦开五尺道）相接，从叙州府到昭通的具体线路是从叙州府出发，经赵场、双河场、黄沙巢、庆符、高县、罗阴坎、罗园、筠连、唐坝、老娃滩（今盐津）、尼山顶、豆沙关、七里铺、大关、五寨、五马海、扎上到昭通，全长约412.5千米。"自贡盐于明代洪武初（1368）经过这条道路，开始运往乌蒙（今昭通）和东川、芒部（今镇

---

① 王仁远、陈然、曾凡英：《自贡城市史》，社会科学文献出版社1995年版，第113-114页。

雄)。从宜宾到自贡的两条道路沿线场镇生产的竹篾制品及山货药材等也经这两条道路运到自贡。"①

井内路。从自流井（贡井从老街子起，经新拱桥、牛栏湾、济公寺、土地坡至自流井）出发，经大坟堡、凉高山、大山铺、万家桥、大梨树、石包岭、高滩场、凌家场、潘家坝、白马庙、脚盆田到内江，全长约60千米。这条道路到内江后，与东大路连接，上行至成都，下行至重庆。"这条路是运票盐和运糖回自贡的道路。"②

井威路。自流井到威远有两条线路：一是从自流井豆芽湾出发，经马冲口、界牌、炭石坝、鸭子滩、白塔山、曾家街到威远，全长约35千米；二是从自流井豆芽湾出发，经马冲口、高硐、胡家坝、向家岭、新店子、熊华堂、麻树湾到威远，全长约37.5千米。贡井到威远也有两条线路：一是从贡井老街子出发，经老梨湾、黑岩坡、芋头滩到威远，全长约37.5千米；二是从贡井老街子出发，经中溪河、向家岭到威远，全长约32.5千米。这四条道路到威远县后，经龙会镇、瓦店子、大井坝到资中，与东大路连接，上行直达成都，全长约280千米。"这是自贡地区商旅与成都往来的重要通道，自贡的票盐销往威远、资中均由此道。这条道路又运回大量的制盐及生活燃料煤、生活必需品粮油等。"③

井隆路。从自流井横店子（贡井从老街子起，经新拱桥、牛栏湾、济公寺、土地坡至自流井）出发，经回香坳、柑子坳、舒家湾、仙滩、张家坡、五里店、十里店、新店铺、曾家山、牛佛渡、松林坡、王家场、龙石镇到隆昌，全长

20世纪40年代人力车在自贡盐区运盐
（来源：《抗战记忆：台湾征集图片集（1931—1945）》）

---

①自贡市交通管理委员会：《自贡市交通志》，四川辞书出版社1991年版，第43页。
②自贡市交通管理委员会：《自贡市交通志》，四川辞书出版社1991年版，第45页。
③王仁远、陈然、曾凡英：《自贡城市史》，社会科学文献出版社1995年版，第113页。

约75千米。这条路至隆昌后与东大路连接,下行经荣昌、永川到重庆。"这是一条自贡与川东地区连接的重要经济孔道。销往隆昌、荣昌、永川等地区的票盐都由这里运出,而上述地区的粮油和重庆的日用工业品也经过这条路运回,是重庆、自贡商旅往来的主要道路。"①

清晚期以后,随着旭水河、釜溪河航道的改善,自贡盐运陆路的运输量相对减少,开始逐渐被盐运水道代替。抗日战争时期,随着盐区专用公路的迅速修建,原自贡境内的部分运盐石板路逐渐被新的公路替代。新中国成立初期,为了支援边远山区发展生产,促进物资交流,自贡地方政府对一些发挥作用较大的人行道路进行了维修和改造。至20世纪80年代,随着自贡城乡公路的发展与完善,自贡盐运陆路古道基本完成了它的历史使命而归于沉寂。

盐运水道

自贡盐运水道主要由旭水河、釜溪河、沱江构成,是昔时自贡食盐外运的重要水运孔道。

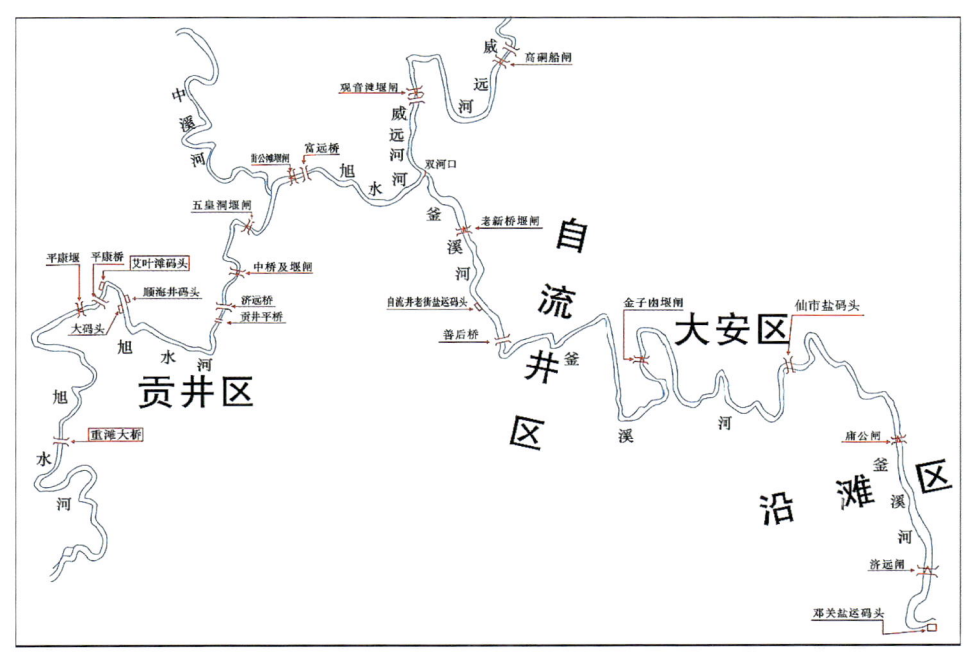

自贡盐运水道平面示意图

---

① 王仁远、陈然、曾凡英:《自贡城市史》,社会科学文献出版社1995年版,第114页。

旭水河又称荣溪河、荣县河，主流发源于荣县境内的荣隐山，流经附城、望佳、鼎新、龙潭、桥头、贡井等乡镇，于自流井凤凰坝玛瑙山下的双河口与威远河合流后称釜溪河，全长约120千米。它是长江流域支流的上游河段，总水量小、水流量季节性变化大、河道狭窄、河床落差大、险滩多。旭水河的主要险滩有汪家滩、尖角埝、四方井、张家洞、董家埝、黑木岩、大龙滩、重滩、艾叶滩、么滩子、滩坝、长腰滩、五皇洞、雷公滩等20余处。为了利于食盐的生产和运销，贡井先民克服万难，历尽艰辛，不断对旭水河实施整治，使其在古代和近代成为贡井盐、荣县煤的运输要道。迨至明代，贡井先民从沿河农民聚沙为埝、蓄水灌田中得到启示，开始筑沙埝蓄水，以利行船。清康熙三十五年（1696），贡井先民在旭水河的重滩、艾叶滩、滩坝、五皇洞、雷公滩等滩石上开凿船槽，整治河中滩碛，稍利行船。光绪三十年（1904），富荣西厂设堰公局，在重滩、艾叶滩、平桥、中桥、五皇洞、雷公滩、老新桥等处修筑堰闸7座，形成梯级盐运水利工程，极大地提高了航运能力，为抗日战争期间的"增产赶运"发挥了举足轻重的作用。"这条航道运盐量占贡井盐产的70%。从清末到抗日战争初期每年的水运量为4.5万～5.5万吨。"[1]抗日战争结束后，随着富荣西场食盐产量的逐年下降，旭水河的盐运日趋衰落。中华人民共和国成立初期，旭水河的盐运重新复苏，逐步达到年运输6万吨。1957年，因内宜铁路建成通车，贡井盐大部分被集运到舒坪车站改走火车，旭水河的盐运跌入低谷。

釜溪河又名盐井河，是沱江的一条支流，由旭水河、威远河在自流井凤凰坝双河口汇合而始，流经自流井、重滩、仙滩、沿滩、詹家井、王家井、邓井关等场镇，在富顺县李家湾注入沱江，全长73.2千米。釜溪河天然落差19.1米，平均比降0.03‰，曲折迂回，弯曲系数为2.21。洪水期与枯水期相比，其水面宽度变化较大，比降平缓，易受沱江洪水倒灌影响。釜溪河是自贡盐场的井盐外运的唯一水运航道，"凡属富荣引盐，均须由井河运行，他无道路"[2]。

釜溪河在唐武德初年开始分段通航，但航行条件很差。因此，自贡地区的食盐运输，宋代以前主要是陆运，以人力背、挑和畜力运输为主。之后，釜溪河水运逐渐发展起来，但仍以陆运为主。清康熙三十五年（1696），釜溪河河道

---

[1]自贡市交通管理委员会：《自贡市交通志》，四川辞书出版社1991年版，第85页。
[2]吴炜：《四川盐政史：卷五·第三篇·运销》，1932年。

釜溪河上盐船竞发（来源：《四川盐政史图册》）

疏凿后，全线通航，其逐渐成为自贡盐场运输食盐的主要通道。清初水运量为自贡盐产量的70%，清末为80%，抗日战争时期占到90%以上，年平均运输量高达17万斤。[①]自贡盐场所产之盐远销四川、云南、贵州、湖南、湖北等省200余个州县，供全国约十分之一的人口食用。自贡盐场的运盐船经旭水河、釜溪河，将盐运至邓井关载盘验税后，转入大船由李家湾入沱江，再入长江，运销各省。同时，自贡盐场生产和生活所需物资，如竹、木、油、麻、豆、粟、米、炭等，也大多经釜溪河运入。据不完全统计，从中华民国成立到中华人民共和国成立前夕，釜溪河水运食盐497.93万吨，燃料549万吨，毛竹15.8万吨，木料74万吨，粮油食品4.5万吨，合计1141.23万吨。[②]

[①] 市制单位，1斤=500克。
[②] 自贡市交通管理委员会：《自贡市交通志》，四川辞书出版社1991年版，第172-173页。

抬运食盐至码头（来源：《抗战记忆：台湾征集图片集（1931—1945）》）

河岸等待装船的食盐（来源：《抗战记忆：台湾征集图片集（1931—1945）》）

清咸丰、同治以前，因釜溪河河水浅狭，大船不能出入，运输食盐的船舶是一种名为"黄瓜皮"的小船。光绪三年（1877），自贡地区的食盐改办官运，为利于食盐运输，官运局决定"增堰蓄水"。于是，从次年（1878）起对釜溪河航道再次进行整治，在金子凼以下共增修石堰、木板堰7道，加之道光年间（1821—1850）在重滩、仙滩、沿滩和老鸦滩修筑的4道石堰、木板堰，使水位提高1.5米，淹没19处浅滩，水运能力提高。釜溪河航道拓宽，船只吨位加大，歪脑壳的橹船应运而生，并成为清末至民国时期釜溪河上运输食盐的专用船。

民国初期的重滩堰闸（来源：《川盐纪要》）

为了适应釜溪河河道弯曲、狭窄和滩险多的情况,釜溪河上的橹船造型非常独特,船头由右向左歪扭,船尾由左向右歪扭,形成船头与船尾相反方向的小倾斜,因此,又被称为"歪脑壳船""歪屁股船""歪尾船"。此系"专为富荣运盐而设,不作其他营业"①。曾在我国任海关副巡江事务长的英国人夏士德(G.R.G.Worcester)在抗日战争时期对盐井河歪脑壳运盐船进行过详细的调查和测绘,并指出此种船型主要是为"应对盐井河上的急流"②。

停泊在釜溪河上的歪脑壳船(孙明经摄,1938年)

歪脑壳船长14米,宽2~2.5米。歪脑壳船还有一条长达16米、比船本身还长的船橹(梢),所以在史书中其学名为"橹船"。歪脑壳船共有6个船舱,船

---

① 杨公庶、王舜绪:《川南盐场概况与关系工业最近之展望》,1937年,第35页。
② G.R.G.Worcester著,伍伶飞译:《长江上游盐井河段歪头运盐船的历史与制造技艺》,《盐业史研究》2017年第3期。

头长4米的部分叫剪子,用于搁置零星杂物,以后依次叫走舱、桡台舱、前宫舱、后宫舱、太平舱、火舱。太平舱是船工用桨(长约4米,用柏木做成)划船的地方,火舱用于船工们烧火做饭,其余各舱皆用于装盐包。船尾叫后剪子,用于放置零星用具,船行上水时也用来聚缆拉船。除船头和船尾之外,歪脑壳船每舱都有篷盖,中间两舱的篷盖是固定的,其他舱盖则是活动的。歪脑壳船通常载花盐90包(每包约270斤),或巴盐120包(每包约218斤)。由于水运引盐按饿配盐行驶,每饿盐需5只船联组装运,配备船工6人,合装一饿盐俗称"一偝"。民国8年(1919),釜溪河上的橹船有3000只左右。

歪脑壳船船头(孙明经摄,1938年)

抗日战争全面爆发后，自贡盐场奉命"增产赶运"。1938年，川康盐务管理局决定在釜溪河上的金子凼、沿滩、邓关三处建造船闸，以逐级提高水位，使河道渠化和全年通航，保障食盐运输任务的完成。1942年6月，釜溪河的三座船闸全部建成。三座船闸建成后，釜溪河彻底渠化，河道浅滩全部淹没水底，每次橹船往返的航期由30多天缩短为10天左右，年通航吨位20多万吨，满足了当时赶运川盐的需要。

沱江古称金川、雒水、中江，是四川境内长江的四大支流之一。它流过内江龙门镇九块石进入富顺县，经牛佛、瓦市、狮市、城关，在李家湾与釜溪河、镇溪河汇流后，再经赵化、怀德、长滩到泸州注入长江。沱江自古以来就是富顺交通运输的大动脉，是自贡地区食盐运销滇、黔、湘、鄂等省及川东地区的黄金水道。这条航道运盐的历史较为悠久，自东汉章帝时期（76—88）富顺产盐以来，余盐就是通过沱江外运销售的。明中叶以后，自贡地区盐业生产的中心转移到自流井、贡井，釜溪河经过疏浚整治与沱江贯通，成为川盐外运销售的"内江"，从而使食盐运输在沱江航运中占据主要地位。随着井富马路、成渝公路的修建和中华人民共和国成立后成渝铁路的通车，沱江的食盐运输走向衰落。20世纪60年代，随着邓关盐厂的建成投产，沱江的食盐运输再次复苏。

虽说昔日千舟竞发的自贡盐运水道上如今已无盐船行驶，然而，其遗留下来的码头、堰闸、桥梁等水路交通设施和因水运而兴的古场镇仍保存完整，是自贡不可多得的盐运文化遗产和城市发展的历史见证。

"修亿万人往来道路，开数十代远大途程。"自贡盐道既是当地及周边地区的经济生命线，又是文化的大走廊。自贡古盐道使自贡井盐运销四海，形成了特色鲜明、内涵丰富的以盐运文化为特质的道路交通型文化线路。自贡盐运文化具有重要的遗产价值、艺术审美价值、考古价值、旅游价值，是一笔不可多得的文化遗产财富，是盐都自贡井盐文明的"活化石"，更是人类宏大盐业文明史上的璀璨明珠。

陆路盐道

自贡盐道上不仅留下了运盐人的汗水，留下了驮马的喘息，而且留下了许多难以磨灭的历史印痕，如盐道、桥梁、码头、堰闸、碑刻等。20世纪80年代以后，自贡盐道完成了光荣而辉煌的历史使命，退出了历史舞台。虽然自贡盐道上挑夫盈途、帆樯林立的情形渐行渐远，但是在自贡盐道洒下的一路遗珍却熠熠生辉。

历经千百年的沧桑变幻，自贡大部分古盐道已经消失在历史的尘埃中，仅有少部分极其难得地遗留了下来，如汇柴口古盐道、磨刀岭古盐道、大码头古盐道等。这些古盐道为我们留下了重要的历史信息，是自贡盐运文化的"活化石"，是盐都自贡一道亮丽的风景。

汇柴口古盐道

汇柴口古盐道依偎在自贡市中区釜溪河南岸富台山和观音岩山坳处，紧靠张家沱盐运码头，南至内昆铁路，北至张家沱，全长约400米，宽2～3米不等，石板古道高低就势，道路两旁的民居错落有致分布。明嘉靖年间（1522—1566）以后，随着自流井盐业和商业的兴盛，汇柴口作为自流井向南通往富顺、宜宾的井盐运销陆路要隘，挑夫盈途，骡马结队，大量的井盐从这里贩运外地。同时，汇柴口又是自流井煎盐和民用所需柴草、竹木汇集销售的要道和场所，因此而得名。《厚黑学》作者李宗吾就出生在汇柴口，其故居位于汇柴口南坡洗脚河边的小竹湾，此地亦是其辞世之地。

磨刀岭古盐道

磨刀岭古盐道位于自流井区舒坪镇狮湾村6组，东西走向，始建于清代，由石板铺成。原道路长至少有2千米，现存长约200米，宽1～2米不等。特别是该段古盐道有一段由整块石山开凿而成，宽度约1.5米，马帮及挑运、背运皆能通行。此道是自流井和贡井食盐运销宜宾的重要通道。磨刀岭古盐道的入口处至今还屹立着四川省文物保护单位李氏·吴氏节孝坊。

汇柴口古盐道

汇柴口古盐道上的老街

磨刀岭古盐道

磨刀岭古盐道入口处的节孝坊

艾叶大码头古盐道

大码头古盐道位于贡井区艾叶镇大码头社区。古盐道连接旭水河畔的大码头，呈"丁"字形，横段长约45米，宽约4米，垂直高度约80米，有80余级踏步。大码头古盐道是目前自贡地区保存较好的盐运交通运输工程，石板磨蚀的痕迹和拴船的扣缝等记录和见证了贡井盐运曾经的辉煌。

艾叶大码头古盐道

贡井老街古盐道

贡井老街古盐道位于贡井街老街社区，呈西南—东北走向，主体形成于清代。它其实为一座大石梯，长38米，宽2.6米，由黄浆石条石板铺砌，原有75级踏步，现存64级。贡井老街古盐道是贡井盐业及其附属产业，以及贡井政治、经济、文化中心从河街转移至老街的历史见证，为贡井的食盐转运和老街的繁荣兴旺做出过重大贡献，至今仍继续发挥着交通作用，是贡井老城区历史遗迹的重要组成部分。

贡井老街古盐道

黄石坎古盐道

黄石坎片区在清代、民国时期是贡井盐场的三大盐产区之一。黄石坎古盐道位于贡井区长土镇长土街社区，全长230余米，依次由入口处96米长的石板路、34米长的水泥路面、64米的石板路和40米长的水泥路面组成。它沟通贡井和艾叶，系井荣路的重要组成部分，是贡井食盐运销荣县、乐山等地的必经之路。如今黄石坎古盐道本体保存较为完整，两侧的街巷灰墙黛瓦、古朴依然，置身其中有时空倒流之感。

黄石坎古盐道

苟氏坡古盐道

苟氏坡片区在清代、民国时期也是贡井盐场的三大盐产区之一。苟氏坡古盐道位于贡井区筱溪街向阳社区,坐西北向东南,建于清代。古道用长约0.8米、宽约0.4米的石板铺砌,道路宽1.5～2.1米,全长约1500米。现存528米长的石板路段,其中原貌石板路约80米长,部分路段改建为混凝土或水泥路面作为社区通道,两侧的店面大多保存了晚清、民国时期的风貌。该段古道系盐商集资修建,为贡井食盐运销宜宾等地服务,为贡井的食盐运输做出了历史贡献。

苟氏坡古盐道

中桥古盐道

中桥古盐道位于贡井区老街社区及筱溪街下桥社区,西北至东南走向,建于清中叶,用黄浆石和青石板铺砌而成。其西起贡井老街十字口,经湖广庙、顺岩井,过中桥上旭水河东岸的牌坊坝,至贡雷路,全长约2千米。现仅存千佛寺门前河坎石板路至中桥段52米、中桥段52米、中桥至牌坊坝口段66米、牌坊坝段108米、牌坊坝至贡雷路95米,总计370余米。昔时,该段古道既是中桥两岸转运食盐的主要通道,也是贡井食盐运往威远、泸州等地行销的重要孔道。此道至今还发挥着交通作用,蜿蜒曲折的石板路、旭水河上的中桥及上游的堰闸构成了一道极富特色的文化遗产风景线。2013年,中桥古盐道被国务院列为全国重点文物保护单位——茶马古道上的文物保护点。

中桥古盐道及中桥、堰闸

中桥古盐道

徐家村古盐道

徐家村古盐道位于大安区三多寨镇徐家村。现存完整的石板路 2 千米左右，宽 1.5 米左右，从石牛山巍峨沧桑的古寨门穿过，是自流井食盐运销威远、隆昌等地的重要遗迹。

徐家村古盐道

徐家村古盐道上的寨门遗迹

回龙桥牌坊及其古盐道

回龙桥古盐道

回龙桥古盐道位于大安区大山铺镇大山村15组,是大山铺通往鸳鸯、何家场(何市)到牛儿渡(牛佛)的食盐运输通道,石板宽1~1.5米不等,遗存长度三四百米,路面至今留有明显的车辙印迹。这条石板路自清嘉庆以来,一直是"盐担子"挑盐或马帮运盐的要道。尤其是该段古道上还存有嘉庆十二年(1807)所立的回龙桥牌坊,古道穿此牌坊而过。牌坊结构为四柱三门三楼,牌坊宽约6.5米,高约4.5米,正匾刻有"回龙桥"三字。

牌坊下侧的碑文为《创修回龙桥碑铭》,记载了三盛井、顺海井、兴海井、四顺灶、亿顺灶、乐兴盐店等盐井、盐灶、盐店,四业店、万顺号等商家,以及诸民众捐资建桥、筑路的情况。20世纪60年代,地方政府在李白河上的回龙桥原址修筑世平堰,桥堰一体。2007年,回龙桥牌坊被四川省人民政府公布为四川省文物保护单位。

创修回龙桥碑

《创修回龙桥碑铭》拓片

登云大道

登云大道被誉为自贡东大路的"活化石",位于三多寨镇洞云村4组(原属鸳鸯乡,小地名旧称"茨沟寺")。自贡东大路西起自流井,经大山铺、鸳鸯乡、何家场至牛儿渡,全程约45千米,是一条自流井连接原川东地区的经济孔道。自流井行销隆昌、荣昌、永川、璧山等县的票盐从这条陆路运出去,隆昌等地的粮油和重庆的各类商品也经这条道路运回自流井。同时,这条路还是自流井、重庆等地商旅往来的主要通道。20世纪50年代后,井(自流井)牛(牛佛)公路建成,这段东大路逐渐被废弃。茨沟寺是自贡东大路的必经之地。据当地老人介绍,茨沟寺距鸳鸯乡4千米,距何家场10千米,距牛儿渡25千米。如今,茨沟寺保存有一段长约300米、宽约1.6米的石板路,蜿蜒于山谷间,从山脚望去,仿佛升于云端,故称登云大道。

该大道旁的茨沟寺西崖石壁刻有"登云大道"四个楷书双钩大字,题刻长3.1米、宽2.1米,字高0.46米、宽0.6米,为明朝万历十六年(1588)冬陈鳌宇榜书镌刻。题刻上端有一佛龛,佛像头已毁,近年被村民修复成戴冠头像,左右

登云大道

各有侍者一名。题刻右侧10米崖壁处另有三龛，龛内皆为佛像浮雕。佛龛左侧有题记："清嘉庆十一年（1806）夏月，绘士戴富元、石匠张富安"。茨沟寺东崖石壁另有题刻一通，阴刻"泰山石敢当"五字，字旁阴刻八卦形符，上端刻有巨兽面孔浮雕。石刻为竖式，高约1.6米、宽约1.4米。题刻之右即为摩崖造像一龛三尊，龛内左下壁有刻碑一通，刻有"清嘉庆丙子（1816）冬月"等字。

登云大道上的摩崖造像

大石门古盐道

大石门古盐道位于荣县东兴镇老君坝村2组。现存古盐道横亘于小石门、大石门之间的石门山上，由较为规则的石板铺砌，宽0.8~1.6米，长约1千米。在大石门处，遗存有破败的古庙及两通刻有《老灯碑记》的石碑、观音摩崖造像、"天然胜迹"石刻等。昔时，自流井和贡井所产之盐便经此输送到仁寿、成都等地售卖，为自贡地区的盐业发展发挥了重要作用。

大石门古盐道

大石门古盐道旁废弃的古庙

水路盐道

自清康熙三十五年（1696）开始疏浚和整治旭水河、釜溪河航道以来，自贡地区逐渐形成了以釜溪河为主线的盐运水道。这条盐运水道是自贡井盐由船载运往川、滇、黔、湘、鄂的黄金航道。这条以梯级堰闸和系列码头组成的盐运航道，在我国内河航道和航运史上留下了辉煌的篇章，而跨越在这条盐运水道上为数众多的古桥，便成为"千年盐都"自贡的一大文化景观。

古　桥

重滩桥

重滩桥位于贡井区长土镇元坝村和建设镇重滩村之间，东南—西北走向，始建于清光绪二十一年（1895）。该桥为联孔石桥，六墩五拱，桥体长约70米，宽约8米。鱼头形桥墩，墩宽1.7米，高2.15米。重滩桥建成后，贡井所产之盐不用绕道艾叶、秀才坡，可直上井荣路，极大地缩短了运盐周期，提高了运盐效率。

重滩桥

重滩桥侧景

平康桥

　　旭水河上的平康桥位于贡井区艾叶古镇，清光绪二十八年（1902），由盐商张三和出资修建。该桥为石拱桥，全长56.4米，宽6.4米，高8.92米。桥上石栏89个，其中右边51个，左边38个，五拱。平康桥建成后，将贡井盐场的艾叶和长土两大盐产区连成一片，二者形成盐业优势互补的强强联合。平康桥下是横亘于旭水河中的一个巨大石滩，石滩上凿有船槽，以便船只转运食盐及供富荣盐场熬盐的煤炭等。

20世纪50年代的平康桥

平康桥下的船槽

平康桥、堰闸及滩险

平康桥及旭水河上的艾叶滩

平　桥

　　平桥位于贡井区贡井街盐工新村社区，建于清嘉庆年间（1796—1820），是贡井旭水河上最古老的石桥。光绪二十八年（1902），官府为逐级提高旭水河的水位以便船运食盐，将平桥改为桥堰合一，兼具陆路交通和水路运盐的功能，是贡井五大桥堰中唯一一座桥堰合一的平孔石桥。该桥十一墩十二孔，原长55.7米，宽2.8米。2007—2008年，贡井区人民政府对平桥进行维修改造，加长加宽了桥面，现桥长77.7米，宽3.1米。桥墩高低不一，桥孔跨度也不一，桥墩最高处2.5米，最低处1.55米，墩宽2.56米。桥孔最大跨度为7米、最短跨度为2.6米。堰为十六墩十五孔。与平桥相距约50米的断崖瀑布，民间称为"平桥瀑布"，宽85.5米，高6.4米，是贡井城区一道独特的自然景观，享有"走遍天下路，难见城中瀑"的美誉。

平桥

平桥瀑布

济元桥

济元桥,即今贡井大桥,位于贡井区贡井街盐工新村社区,建于清同治元年(1862)。在太平天国时期,"川盐济楚"使贡井盐场盐业兴旺,盐运繁忙,原有的水路和陆路满足不了增产后食盐大规模、井喷式增长的运输需要,故在旭水河平桥下游增建此桥。该桥为联拱石桥,四墩三孔,桥体长54米,宽14.1米;桥拱高8.2米,宽10米;桥墩高3米,宽2米。此桥在1949年、1997年维修加固,2005年、2006年桥体再次得到维修加固,桥面被改造。济元桥是旭水河贡井段五大古桥之一,对贡井盐场食盐运输做出了重大贡献。

济元桥

中　桥

中桥位于贡井区老街社区，始建于清嘉庆年间（1796—1820）。该桥为全石结构平孔桥，三墩四孔，其中最高的一孔可行船。桥面用条石铺砌、马鞍形铁楔钉加固。桥墩用石块堆砌、马鞍形铁楔钉加固，全长52米，桥面宽2～3米不等。中桥上游约50米处的堰闸长61.5米，十墩六槽。堰闸前有20级垂带型踏道，桥和堰闸之间为一大水沱，堰闸中间为一大船槽，西侧为盐运码头。中桥及堰闸是自贡盐运水道的重要设施，是旭水河贡井段五大桥滩、堰闸、码头的杰出代表，历经200多年仍坚固如初，保持原貌，有较高的历史、科学和艺术价值，2009年2月被列为自贡市文物保护单位。

中桥桥面上的马鞍形铁楔钉

中桥

中桥及堰闸

富远桥

富远桥，当地民众又叫作"老雷公滩大桥"，位于自贡市贡井区长土镇石沟村，坐北向南，始建于清咸丰、同治年间（1851—1874），占地面积约400平方米。该桥为全石联拱桥，四墩三拱，全长48.4米，宽7.9米，高11.3米。三拱相连，拱为椭圆形，大小不一。桥体跨旭水河通威远，是贡井、威远的界桥，是清代至民国时期自流井、贡井、威远之间的重要运盐通道，也是连接贡井盐运码头和威远煤炭市场的重要交通枢纽。此桥上游约100米处即为雷公滩古堰闸。富远桥在民国28年（1939）曾进行维修加固，1996年因新修雷公滩大桥，富远桥现已不再通车，然桥体基本保存原貌，现为自贡市贡井区文物保护点。

富远桥

凤凰桥

凤凰桥系旭水河上的重要古桥，横跨于大安区凤凰坝与威远向义镇地界之间，位于旭水河和威远河汇流处的双河口附近。此桥原名永济桥，自建成以来可谓命途多舛，在历史上曾多次培修。其始建于明万历二十七年（1599），明末毁于战乱，清顺治初年威远名士李如莲等复建，名曰凤凰桥。乾隆二十七年（1762），凤凰桥毁于洪水，次年（1763）进行培修，后又被毁，道光二十七年（1847）年由自贡盐商颜昌英、李振亨等人捐资重建，是自贡盐商和威远名士热心地方公益事业的重要见证。

凤凰桥（林世华摄）

凤凰桥全貌

凤凰桥是明代万历以来自贡井盐运到威远及威远煤炭运至自贡盐场的要道，极大地便利了两地的商贸流通和两岸商民的日常往来。凤凰桥原有12个桥孔，长74米，宽1.4米。中华人民共和国成立以后，因盐船航运之需，在南岸拆建了一个桥孔，桥上行人，桥下通航。2019年8月，此桥部分桥墩和桥面被洪水冲毁，局部垮塌。2020年，凤凰桥上游约5米处新建成一座人行桥。凤凰桥所处的凤凰坝片区不仅是自贡井盐业的重要发源地之一，而且见证了自贡井盐运输的辉煌历史。

观音桥

观音桥位于大安区凤凰坝双河口附近的威远河段上，为四孔石桥，是自流井与威远之间的重要交通桥梁。此桥始建于清嘉庆年间（1796—1820），曾多

观音桥（杨宗翔摄）

次被洪水冲毁后修复，现改建为公路桥，长度约为68米，宽度为8米左右，桥栏的两头均有石狮坐镇。该桥至今仍是威远河两岸人民来往的交通要道，对研究威远河流域的盐、煤运输历史和桥梁建筑史具有较大价值。抗日战争时期，川康盐务管理局在观音桥前后约30米处修建的观音滩双埝船闸保存至今。此桥现为自贡市大安区文物保护点。

观音滩船闸上闸

观音滩船闸下闸

高硐桥

高硐桥位于大安区马冲口街高硐社区与内江市威远县向义镇高硐村的威远河下游,是清代、民国时期自流井盐场到威远所经主要桥梁之一。高硐曾是自流井与威远两地盐、煤转运的大型集散地,清乾隆十九年(1754)始建一座石板桥,因系经自流井往来威远县的陆路通道,当时取名玉带桥。其建成后,因时毁时修,至民国12年(1923)夏秋之间,洪水暴涨,玉带桥再度被冲毁。盐商李云湘、张筱坡会同炭商范会光等人捐资修桥,于民国14年(1925)冬竣工,建成六孔石拱大桥,全长约66米,宽约7.3米,高约8米,两端桥头各雕刻一对石狮、石象以镇桥,并举行隆重的踩桥典礼,且立碑记事,将其命名为"云波桥",但地方民众习称为高硐桥。民国34年(1945),因盐区公路修建,高硐桥被改建为公路桥。20世纪80年代,大安区和威远县共同投资,对该桥整修加固,改建为钢筋混凝土桥面。高硐桥下游不远处即为抗日战争时期川康盐务管理局组织修建的高硐双埝船闸。历经近百年沧桑,高硐桥至今仍发挥着实质的交通运输功能。该桥现为自贡市大安区文物保护点。

高硐桥

高硐桥及下游的高硐船闸

善后桥

善后桥，现名"新桥"，位于自贡市中区光大街与滨江路之间，是自贡市中心的交通枢纽。民国8—9年间（1919—1920），为便利自流井盐场与贡井盐场之间的交通，两场盐商和广大商民纷纷捐资建桥，民国10年（1921）动工修建，民国14年（1925）夏竣工。该桥高出水面七米，长75米，宽6.5米，大小七孔。桥上石栏和每孔拱肩上部均有雕刻精细的神话人物，以及驱逐水怪的鱼、龙、狮、牛等神兽，鬼斧神工，栩栩如生，极具艺术价值。此桥建成时，正逢四川各军阀打败杨森后，群集自流井召开善后会议，地方士绅邀请各军阀参加盛大的踩桥典礼，大桥便以"善后"命名，"善后桥"石碑由四川军务善后督办刘湘题署。1965年3月，善后桥进行扩建，同年6月25日竣工。扩建后，桥长100米，宽9.4米，两侧人行道各宽1.5米。善后桥设计精良，桥身雕刻极其精美，至今仍是自贡城区的交通要道。

善后桥

善后桥侧面

善后桥桥孔

善后桥精美的石雕

解放桥

　　解放桥位于自贡市中区王爷庙和水涯居之间的釜溪河上,是自贡通往富顺、宜宾、云南等地的主要通道。为便于盐斤运销,川康盐务管理局于民国28年(1939)1月15日开工建造此桥,时名盐井河大桥。该桥为石砌,桥墩桥台五孔15米跨,桥长75米,桥宽6.5米,桥高16.5米。该桥民国29年(1940)7月31日竣工,命名"釜溪桥",俗称"洋灰桥"。建成后,该桥把硔子口北面的井内路和南面的井邓路连接起来,对抗日战争时期的井盐增产和赶运起到了重要作用。因1949年12月自贡和平解放时,中国人民解放军由此桥进入市区,故该桥1966年更名为"解放桥",同时加宽桥面至13米,其中车行道8米,两侧人行道各2.5米。2000年,随着解放桥立交系统工程建设,原桥拆除后,此处另建起一座斜腿刚构桥。

解放桥

码 头

清代至中华人民共和国成立初期,随着食盐水路运输的兴盛,旭水河、釜溪河和沱江上诞生了100多个大大小小的盐运码头。时光荏苒,岁月如梭,由于公路运输和铁路运输的飞速发展,水路运输的地位逐步下降,旭水河、釜溪河、沱江航运业日渐凋敝,一个个盐码头走向落寞沉寂。然而,还有少数码头并没有随着时间的流逝而消失,仍继续传承着"千年盐都"的盐运历史文脉。

艾叶滩沱湾码头

艾叶滩沱湾码头位于贡井区艾叶镇李家桥社区,坐东南向西北,占地面积约122平方米。整体结构为"之"字形,有一月亮坝。码头长7.3米,宽3米,坡度45度。月亮坝长5.3米,宽4米。"之"字头(上石梯)长4米,宽3.8米,12级踏步。"之"字尾(下石梯)长7.6米,宽5.7米,20级踏步。"之"字拐(平台)长5.7米,宽3.8米。自贡运盐船沿旭水河入釜溪河、沱江而下长江,艾叶滩是船运食盐的重要起点站。沱湾码头作为盐运水道上的第一码头,承担着繁重的盐运及煎盐所需煤炭的装卸任务,其贡献和作用不可替代,现在仍在为艾叶古镇居民的生产、生活发挥重要作用。

艾叶滩沱湾码头

艾叶大码头

艾叶大码头位于贡井区艾叶镇大码头社区，坐西向东，建于清咸丰年间（1851—1861），占地面积约650平方米。码头长16米，宽度高低不一，高处8米，低处（入水处）4.2米，25级踏步，踏步宽0.5米。大码头是旭水河贡井段最大的码头，主要用于运输食盐和煤炭。目前，大码头保存完整，风貌依然，与其连接的古盐道、附近的传统民居一道，记录和见证了贡井盐运的辉煌和历史的沧桑。

艾叶大码头

艾叶大码头石梯俯瞰

艾叶大码头石梯

艾叶大码头拴船石孔

顺海井码头

　　顺海井码头位于贡井区艾叶镇韭菜嘴社区，坐东向西，建于清代，占地400平方米。该码头长8.5米，宽4.8米，坡度约35度，15级踏步，踏步宽0.9米。码头左侧为石砌堤岸，高2.5米，堤岸用石板铺面作为盐道，长200米，宽2.4米。盐道一侧是石砌堡坎，堡坎上的平坝原密布盐井灶房。盐井灶房中间是一条连接码头的石板路，石板路长17米，宽3.3米，36级踏步，踏步宽0.5米。石板路与码头垂直处右侧有一个长、宽均为4.8米的平台，另有一侧梯连接码头右侧河岸与岸上井灶，侧梯长1.9米，宽1.6米，高0.9米。顺海井码头是贡井旭水河上规模较大、配套完整、使用时间最长、保存最完好的一个盐运码头。

顺海井码头远景

顺海井码头近景

自流井老街码头

自流井老街码头位于自流井区郭街路边井社区,坐西向东,占地面积约120平方米。整体为梯形,青砂石材铺砌,长11.5米,高2.8米。上部分为弧形台阶,宽12米;下部分最窄处为9米。自流井老街码头是郭家坳片区所产之盐水路运输的重要起点,对研究自贡盐运水道和盐业发展有重要的历史价值。

自流井老街码头

仙市码头

仙市码头位于沿滩区仙市镇仙滩社区,坐东向西,建于明末清初。仙市码头保存最为完整的是上、中、下三个码头中的下码头,下码头南北长,东西短,呈长方形,垂带式踏步,长12米,宽7.8米,坡度约38度,16级踏步,踏步宽0.5米,自东向西逐渐低缓至釜溪河河畔。该码头是自贡地区所产之盐沿釜溪河至沱江入长江的重要水路运输码头之一。至今,仙市码头整体保存完整,结构稳定。2013年3月,仙市码头被国务院列为全国重点文物保护单位——茶马古道上的文物保护点。

仙市上码头及古道

仙市中码头

仙市下码头

连接仙市上中下码头的古道

詹井码头

詹井码头位于沿滩区沿滩镇詹井街，坐南向北，占地面积约233米。该码头地处釜溪河畔，踏道部分由人工在山石上开凿而成，2005年曾进行维修，现踏道为条石铺砌，52级踏步，踏步宽4.8米，高7米。詹井码头是上溯自流井、下至沱江的重要盐运水路码头之一。目前，该码头仍在为货物运输和两岸人民的客渡提供便利。

詹井码头

邓关码头

邓关码头位于沿滩区邓关镇会仙桥社区，坐南向北，占地面积约1680平方米。该码头扼釜溪河、镇溪河、沱江交汇的咽喉，地处自贡、富顺的交通要道，是四川省重要码头之一。邓关码头一直是釜溪河至沱江的换船码头，中华人民共和国成立初期，食盐运输量有所增加。1956年以后，川云中路、邓隆路和邓观路三条省道交汇于此，客货运输量不断增加，码头年吞吐量在30万吨以上。该码头至今仍有大型货船常年停靠。

邓关码头

停靠货船的邓关码头

堰 闸

　　清咸丰、同治年间（1851—1874），由于川盐济楚，自贡地区食盐运输量激增。光绪三十年（1904），富荣厂设堰公局，在旭水河和釜溪河的主要滩头节点重滩、艾叶滩、平桥、中桥、五皇洞、雷公滩、老新桥等处修筑堰闸。抗日战争时期，川盐"增产赶运"，川康盐务管理局主持在釜溪河的金子凼、沿滩、邓关三处建造船闸。至此，旭水河和釜溪河形成梯级运盐水利工程，接力输运食盐、煤和其他生产、生活物资。这些堰闸迄今仍屹立在旭水河和釜溪河上，为沿河两岸人民的生产、生活提供便利。

平康堰闸

　　平康堰闸位于贡井区艾叶镇沙塘村，紧邻平康桥，建于清光绪三十年（1904）。该堰闸全长60.5米，有11个堰墩，每墩长3.6米，宽1.55米，高2.5米，第一墩与第二墩的墩距为2.6米，其余为3米。平康堰闸是晚清、民国时期荣县的煤炭输运至贡井盐场的驳转点及自贡盐运水道的重要起点。平康堰闸与平康桥、艾叶滩船槽、沱湾码头构成了一套完整的水利交通枢纽工程，至今仍在发

平康堰闸

挥着重要的水利作用,具有很高的历史、科学和艺术价值。2009年2月,此堰闸被公布为自贡市文物保护单位。

中桥堰闸

中桥堰闸位于贡井区贡井街老街社区,建于清光绪三十年(1904)。该堰闸长61.5米,十墩六槽,堰闸前有20级垂带型踏道,中桥和堰闸之间为一大水沱,堰闸中间为一大船槽,西侧有盐运码头。中桥堰闸原始风貌基本保存完好,局部经多次改造,堤坝已改为水泥路面,右端升高1.5米。2013年3月,中桥堰闸被国务院列为全国重点文物保护单位——茶马古道上的文物保护点。

中桥堰闸

五皇洞堰闸

五皇洞堰闸位于贡井区艾叶镇竹林村，建于清光绪三十年（1904），民国28年（1939）国民政府曾对其进行维修，加固了堰堤。该堰闸为堵水堰闸（放闸保障水流），即在约1500平方米的石滩上筑堤

五皇洞堰闸堰堤

堰，阶梯形堰基拾级而上在3米左右处留槽筑墩，九墩十槽，墩高0.9米，宽1.1米，长2.2米，槽口大小不一，最宽处14米，最窄处4.6米。72米长堤上仅有一个堰口宽2.5米，深3.15米，作为船槽，既放水又行船。堰堤下是宽大的堰滩，堰基前有长方形沟缝，堰滩是停靠盐船的地方，堤堰左侧是一斜面码头，长16.8米，宽4.7米，码头两边各有明显的沟槽为拖船滑道。五皇洞堰闸上水面平阔，堰闸下滩险峡高、瀑深水窄，是旭水河水位落差最高的堰闸，在历史上对贡井的食盐外运发挥了重要作用。

五皇洞堰闸

五皇洞堰闸拦水坝

五皇洞堰闸闸门

五皇洞堰闸盐码头

雷公滩堰闸

雷公滩堰闸位于贡井区长土镇石沟村，建于清光绪三十年（1904），民国28年（1939）国民政府曾对其进行维修。该堰闸结构为枷担形，东岸横水面筑15.5米长堤；拐角处修筑食盐转运码头，长7米，宽4.2米；河中切水面筑主堤，长56.7米，高0.5米；距西岸8米处开闸口，宽4米，有两个堰墩，宽1.6米，高3.9米，有一个堰口（船槽）与五皇洞堰口功能一样，水丰时盐船可过堰口，枯水时船则靠码头转运食盐至下游。此处采用船闸升降水位过船，是旭水河接中溪河和威远河的第一堰闸，旭水河经此堰闸后汇入釜溪河进自流井，为贡井食盐经水路外运发挥了重要作用，至今仍有较重要的水利作用。

雷公滩堰闸

雷公滩堰闸堰口

老新桥船闸

　　老新桥船闸位于自流井区新街火井沱社区,距离釜溪河的起点双河口仅五六百米,是釜溪河上的第一道堰闸,东西走向,分布面积约500平方米。该闸于1969年8月开工,1970年6月竣工,当时建设费用为44万元,由拦水埝和船闸构成。拦水埝全长98米,宽6米,通高7米;闸室长48米,宽9米,高6.2米,水容量为1418立方米,船容量为200吨。该闸使釜溪河、威远河及旭水河雷公滩以下的航道连在一起,可以直达航行,对自贡航运的发展起到了重要作用。老新桥船闸建成后,每日开闸6次,可行船400艘,日运盐、煤等400吨,是建闸前航运量的10倍。清代至民国时期,老新桥船闸拦水坝下游约80米处即建有石质堰闸,部分遗迹仍存,与中华人民共和国成立后兴建的船闸工程共同构成釜溪河上游因食盐运输而形成的一道独特水利文化景观。

老新桥船闸

老新桥船闸闸室

老新桥船闸拦水堰

老新桥船闸闸门

老新桥船闸闸室出水口及笕竿桥

清代至民国时期的老新桥堰闸遗迹

金子凼船闸

釜溪河航道作为自贡井盐外运的关键"枢纽",其通航条件的好坏直接影响到食盐运输量的多少,关涉鄂、湘、黔、滇、川等省民众的日用咸淡和基本民生是否得到保障,在抗日战争时期更具有牵一发而动全身的重大战略意义。抗日战争爆发前,釜溪河航道的整治手段沿用清代以来的传统方式,即修筑旧式石堰、木堰以逐段蓄水。待水蓄足后始放盐船通行,并在局部的险滩处采用人力盘滩过坳的方式艰辛运盐。虽屡有整治,但通航条件仍极差,严重制约了自贡井盐的赶运,故川康盐务管理局以逐段修筑新式船闸的方式对其进行整治,在金子凼、沿滩、邓关分别修筑新式堰闸一座。在修筑时,川康盐务管理局便将金子凼、沿滩、邓关船闸作为"百年大计"的重要水利工程。

金子凼船闸,又名漏水崖船闸、离堆船闸,是全面抗日战争时期川康盐务管理局在釜溪河(盐井河)航道修筑的三大船闸中的第一道船闸。其位于大安区和平乡戴家坝金胜村1组,1941年12月开工,1942年5月竣工。此船闸与下游的沿滩庸公闸、邓关济运闸均由川康盐务管理局组织修建,华北水利委员会

金子凼船闸(陈桥提供)

老金子凼船闸遗迹

新建的金子凼堰闸

勘测设计，朱宝岑任总工程师，郑厚平任主任工程师。该闸是一座锁式梯级船闸，仿巴拿马船闸而建，其主体为拦蓄河水、提高水位的拦水墩与锁式船闸相结合的水利建筑。拦水墩顶宽4米，底宽10米，长59.5米；闸室长63米，宽9米，闸门宽4米，面积567平方米。金子凼船闸建成后，釜溪河的通航条件彻底改善，运盐橹船每次从自流井到邓关的往返航期由30多天缩短为10天左右，全年通航吨位达25万吨，满足了当时运盐的需要。2004年，地方政府拆除了这座抗日战争时期为赶运自贡井盐而建的船闸，在原址新建拦河闸坝一座，使用电动卷扬机牵引闸门开合。2014年，建筑工人在金子凼船闸附近发现一块石碑，碑文由川康盐务管理局局长曾仰丰1942年撰写，记载了金子凼船闸修建的时间、经过和有关情况等，对研究抗日战争时期自贡盐运历史和釜溪河航道的渠化有极其重要的意义。

金子凼船闸盐船过闸图（梁又铭，1944年）

庸公闸

庸公闸是全面抗日战争时期川康盐务管理局在釜溪河航道修筑的第二道船闸，位于沿滩镇昇平街社区，紧邻沿滩大桥，坐东北向西南，横跨釜溪河，分布面积3370平方米。1941年2月中旬开工，1942年5月竣工。该闸是一座锁式梯级船闸，亦仿巴拿马船闸而建，其主体为拦蓄河水、提高水位的拦水埝与锁式船闸相结合的水利建筑。拦水埝顶宽4米，底宽8米，长69.5米。闸室长63米，宽9米，闸门宽4米。此闸最大运力为每天872吨，年运力为25万吨。庸公闸的东南壁有赵熙题"庸公闸"三字，因釜溪河船闸的修建得到当时国民政府财政部部长孔祥熙支持，获中央财政资金投入，孔祥熙字"庸之"，故此桥被命名为"庸公闸"。该闸的修建是为满足全面抗日战争时期自贡井盐通过水路大规模外运的需要，是自贡井盐出川的交通要津，建成后极大提升了釜溪河的航运能力。

庸公闸侧面

庸公闸闸室

庸公闸闸门

济运闸

　　济运闸是全面抗日战争时期川康盐务管理局在釜溪河航道修筑的最后一道船闸,位于沿滩区邓关镇会仙桥社区邓关大桥上游约50米处,坐东向西,横跨釜溪河,分布面积约4200平方米。此闸未建之前,有巨大的石梁横亘河中,每至冬令,时人在河中筑临时木板堰,以篾包或泥土堆积于河右侧,中间立柱卡板为屏,将水关拦。上游船只至此,不能与下游船只衔接。因该处堰下乱石伸出坎外6~10米,故下游受载之船不能直抵堰坎,只能以跳板接搭,盐包需人工抬运,转运至下游后再装船,非常耗时费力。济运闸于1939年年底筹备开工,1942年5月底完工。该闸是一座锁式梯级船闸,亦仿巴拿马船闸而建,其主体为拦蓄河水、提高水位的拦水埝与锁式船闸相结合的水利建筑。拦水埝顶宽4米,底宽6米,长82米。闸室长63米,宽9米,闸门宽4米,面积567平方米。此闸最大运力为每天872吨,年运力为25万吨。济运闸的南壁有赵熙题"济运闸"三字,字距路面1.2米,字高0.7米,宽0.5米。

济运闸

邓关济运闸及其上游的沿滩庸公闸、金子凼堰闸建成后，从根本上改善了釜溪河的通航条件，极大地促进了食盐的水路外运。全面抗日战争时期，釜溪河上三座新式船闸的修建，是川康盐务管理局为促进川盐的运销而组织实施的重大水利交通运输治理工程，成效显著，是我国近代内河航道治理、渠化与地区资源开发相结合的典范。此举为战时川盐赶运济销西南和中南地区提供了基础性的交通保障，为全面抗日战争的胜利做

济运闸进水口

济运闸出水口

出了贡献，具有重要的历史作用和价值。如今，这三座堰闸仍矗立于釜溪河上，不仅仍发挥着水利功能，而且已成为釜溪河上重要的水利文化景观，还是自贡地区川盐"增产赶运"的重要见证物和抗战文物资源。

盐运碑刻

自贡盐运陆路的建设和盐运水道的整治都是极其不易的大事，对自贡盐业和地方社会经济的发展具有举足轻重的作用。由于年湮代远，自贡先辈们筚路蓝缕、开拓伐劈的事迹和顽强精神被历史的尘埃湮没。然而，穿越历史长河遗存下来的盐运碑刻却能唤起不应忘记的记忆，让我们铭记那一段段鲜活的开拓自贡盐场通衢大道的过往。

漆树乐善坊碑

漆树乐善坊碑位于自流井区漆树乡街区中心处，碑前是旧时自流井、贡井通往宜宾、云南的盐马古道，现为自贡通往宜宾的公路。该碑立于清咸丰元年（1851），是当地民众为歌颂武德骑尉颜昌英、奉直大夫李振亨共同捐资修路而修建。乐善坊碑两柱单门三滴水，通高4.9米，通宽3.25米，门宽1.2米，高1.76米，花鸟人物、狮象螺铛均镂刻得栩栩如生，宝顶上的镂空雕刻更显出雕刻匠人的精湛工艺。碑上有匾额、柱联，字体厚重庄严，苍劲有力，至今保存完好，清晰可见。该碑完整记载了武德骑尉颜昌英、奉直大夫李振亨共同捐资修路的过程和里程，即从自贡的双石铺（现仲权镇）至宜宾吊黄楼近100千米，打通了自贡至宜宾的陆上盐运通道；同时记录了川主庙、南华宫、禹王宫、文昌宫等会馆庙宇及个人慷慨捐助的事迹。碑记两侧题字："修亿万人往来道路，开数十代远大途程。"乐善坊碑对研究自贡盐运、盐文化具有重要价值，2013年，漆树乐善坊碑被国务院列为全国重点文物保护单位——茶马古道上的文物保护点。

乐善坊修路碑记

诰授武德骑尉颜公昌英、奉直大夫李公振亨二善人修路碑记

□上双石铺至吊黄楼约有二百余里，皆为宜属。上通自贡、下达戎城，往来行人，络绎不绝，诚通衢也。其间便于行者什之三，不便于行者什之七。每值秋雨淋漓，望途生畏，岂真蜀道之难与？抑亦修治之无其人耳。邑中有好善者，或自捐修、或募众补修，不数里而斧资告竭、不数年而倾圮堪虞，所以有始者，鲜克有终也。惟威邑颜公、李公，乐善不倦者也，以为济人利物莫大于补路修桥，故由荣威上至犍仁，创修桥梁，众皆利之，平治道路，人共由之。他如富、隆、资、内州邑之遵道遵路者，尽歌坦途，岂独于吾宜而遗之？爰有本邑职员陈君与二公情同管鲍，契结金兰，兴言及此，即慷慨允诺，不以费烦工钜为辞。良由二公之心存极厚，志切大公，庶几乎君子风乎？世有富商巨贾，赀拥数万，或溺于异端，不惜舆金辇粟以奉之，志在求福也——不知求福而福不应，不求福而福自来者，孰有如除道成梁之旋至而立应者乎？闻二公之风，可以憬然悟、瞿然兴矣。经始于庚戌之春，阅两寒暑而蒇事。《易》曰："履道坦坦。"今乃见为□□□□□□□平平，今乃见为平平也。于铄哉！二公之功德无量，二公之福泽无量矣，二公之后嗣□□□□□□□量□！至于金粟之费，自有主之者。后有鸿笔续郡志编邑乘，定著二公之名于不朽。

……

岁贡生候选训导黄金钊拜撰
廪生陈兰芬敬书
大清咸丰元年季秋月榖旦

漆树乐善坊

乐善坊修路碑

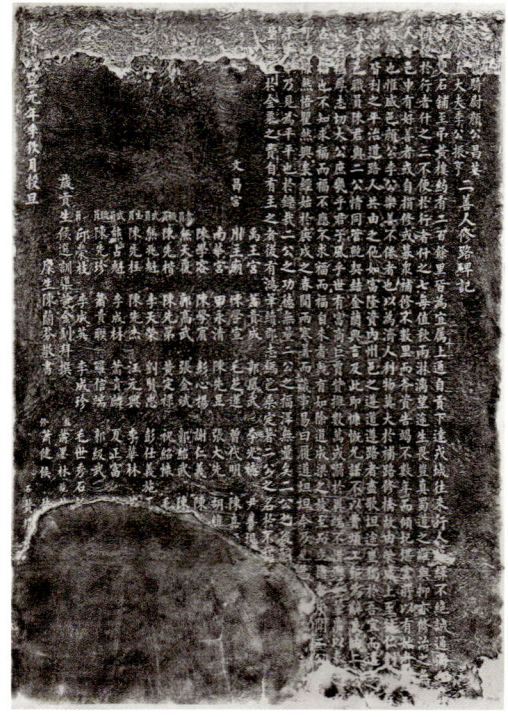

《乐善坊修路碑记》拓片

培修新桥碑

培修新桥碑位于自流井区新街火井沱社区老新桥船闸旁,立于清光绪十一年(1885)。碑上匾额刻有"万古长存"四个大字。碑文记载了王三畏堂、是富井、双洪源井、其昌枧、源通枧、大昌枧等捐资修缮新桥的情况。此碑虽风化较严重,完整内容已难考证,但其对釜溪河的航运史、交通史及自贡盐业的研究均有重要意义。

培修新桥碑

培修新桥碑上的部分捐资井商和枧商

金子凼船闸碑

金子凼船闸碑位于釜溪河老金子凼堰闸旁，立于1942年夏。碑文为时任川康盐务管理局局长曾仰丰撰写，其主要记载了曾仰丰从上任局长缪秋杰手里接任川康盐务管理局局长后，在抗日战争时期组织华北水利委员会及盐务局工程人员朱宝岑等人测量盐井河航道、筹措堰闸工程款、修治堰闸的缘由和过程等内容，反映了整治釜溪河（盐井河）的艰辛历程。此碑不仅是民国时期釜溪河盐运史的重要见证，而且是自贡地区重要的抗日战争文物。

金子凼船闸碑记

成俾于盐运终无裨益二十五年缪秋杰氏奉□□□□□□……
买重提是事二十七年川盐奉令增产加运缪氏请□□□□……
工程师徐世大君率测量队长穆□□等到井勘测设计□□……
理局工程处负施工建设之责二十九年冬筹备竣事即□□……
至三十年夏工款筹措困难几至停顿当时余以是项□□……
利至重且□为国家百年大计断难中□且在增产加运□□……
较多闸成后运费所省一年之间即足以应全部工程之□□……
局无款可拨乃进谒今行政院副院长太谷孔公庸之言□□……
令国家银行筹款玉成是时□局派工程师沈□君来井□□……
工为可惜返渝后与中央信托局储蓄部经理王华君道及□……
□愿尽力协助毅□遵照部令向中信局及中交两行代为□……
□济用乃于三十一年五月落成是船闸虽由缪君造其端□……
其后而非庸公之毅力□□则□由观成也工程进行中□□……
前后用款□一千三百万圆之钜设计者原为华北水利委员……
师徐世大负责督建□本局工程处总工程师朱宝岑□□□……
郑原平分段盐修工程师邓关品贤瑗沿滩李扶实金子□□……
　　中华民国三十一年仲夏川康盐务管理局局长曾仰丰□

金子凼船闸碑

《金子凼船闸碑记》拓片

邓关盐船会所碑

邓关盐船会所碑,全称为"富顺县邓关运盐船业同业公会会所修建碑",位于富顺县邓关航运站内,共五通,石质,立于1947年。碑文记载了上百户运盐船户捐资修建邓关运盐拨船商业同业公会会所的情况。《富顺县邓关运盐船业同业公会会所修建碑序》载,邓关位于釜溪河下游,上达自贡,下连重庆、万州、宜昌、沙市。自清以来,此地即为川盐外运枢纽,船舟广集,转运频繁,设官立署,以司督导。然而,船只在最初皆各自营业,毫无组织,遂设运盐船业组织,以管理和协调运盐船只。1945年春,邓关运盐拨船商业同业公会选举王建中为理事长,兴利除弊,锐意整顿,并择址新建会所,为其原在禹王宫楼下的会所另择新址,于龙泉井至王爷庙段的荒坝中新建。其时,该公会有驳船1200多只,船员1000余人。可见,邓关是自贡井盐外运的必经水路通道,是釜溪河航运的重要水码头和枢纽。此碑见证了釜溪河井盐外运及盐船运输业的繁荣,也体现出邓关在釜溪河航运史上的重要地位,有很高的文物价值。

富顺县邓关运盐船业同业公会会所修建碑序(节录)

邓关位于荣水(釜溪河)下流,上达自贡,下通渝、万、宜、沙。有清以来,即为川盐外运之枢纽,是以船舟麇集,转运频繁,设官立署,以司督导。然而,船只初皆各自营业,毫无组织,劳逸不均,弊害重重。迄至民国二十一年,各段船员虽经先后成立公会,然仍未尽奏于健全之境。卅四年春,本会选举王君建中为理事长,兴利除弊,锐意整顿,会务得以振兴,会员福利亦渐增进。而当时会址几经迁移,始行赁居禹王宫楼下,石坎崩溃,房廊倾圮,不但过于简陋,抑且安全堪虞,乃经召集大家郑重商讨,验以本会计有拨船一千二百余只,会员一千余人。所办平澜中学提倡地方教育,促进地方文化,已著成效。对于今后计划,如开办陆地运输,以发展本会业务,筹组船壳保险,以减会员损害;设立船业银行,以裕地方金融。凡此种种,首须本会健全,基础稳固,始能次第完成者。然以局促破庙,会无恒所,一如风雨飘摇……当经一致决议,发动乐捐,觅址修建……

《富顺县邓关运盐船业同业公会会所修建碑序》拓片

邓关运盐船业同业公会会所旧址

牛佛义渡碑

牛佛渡是自流井经柑子坳、仙滩、新店铺到牛佛，再至王家场、龙市镇、隆昌的陆路盐道上的重要渡口。牛佛义渡碑于同治六年（1867）立于牛佛渡北岸码头，共两通，石质，均高约175厘米、宽约87厘米、厚约14厘米。碑文载，牛佛渡系邑巨镇，地当冲要，镇北隔江（沱江）一道，直达富荣两盐场。但每值江水泛涨，此渡人多船少，常有翻船和溺水的情况发生。乾隆年间，牛佛渡已设有渡船两只，但远不能满足两岸民众及食盐、百货等物资渡河之需。故此，自贡盐场井商王三畏堂、李陶淑堂及地方绅商等出资，在牛佛渡设义渡，在其两岸添置渡船十四只，以作义渡，往来行人及装载货物均不收取分文渡费。清同治年间（1862—1874），在川盐济楚的特殊背景下，此时正是自流井王三畏堂、李陶淑堂等盐商家族快速发展和扩张的重要时段，也是近代以来富荣盐场井盐外运的第一个高峰时期，故此碑对地方公益事业、盐商史、交通史的研究有很大价值。

牛佛义渡碑碑文（节录）

职员王三畏、李陶淑、王佘熹、王培信、王美五、王裕祥、王祥麟、胡承梁、杨向荣、颜椿……王敦信，义渡首事金光汉、郭茂园，北岸地主金宗祠，东岸地主喻集庆，呈称：缘治北七十里牛佛渡，系邑巨镇，地当冲要，镇北隔江一道，直达荣富两厂，每值江水泛涨，人多船少，常遭覆溺，兼之北岸人众向无官斗升称米粮，冒险过渡始能买食，情实可悯。乾隆年间设渡船二只，不敷运送，码头地窄，不便停泊，以致小船踞此把持勒索，行人苦之历年已久。今蒙仁廉访问绩弊，亲往察勘，谕令首人设法办理。地主金宗祠、喻集庆等愿将码头任随义渡船只停泊起载，并约职王三畏及两岸首事绅商公（共）同筹议，在两岸置造渡船十四只，雇佣渡夫随到随渡，不取船钱，不但利济行人，抑且慎重人命，约计一年工资船费需用甚巨，事期久远计，必万金协恩。仁廉给发官斗二张、官秤一杆，交北岸首事轮流掌管，薄取微资以资船夫口食。职等均愿仰体德意，踊跃捐资，按年生息，以免掣肘……王三畏堂愿捐资，按年生息，两岸置造渡船十四只，以作义渡往来行人以及装载货物，不取船钱分文……

同治六年四月初四日

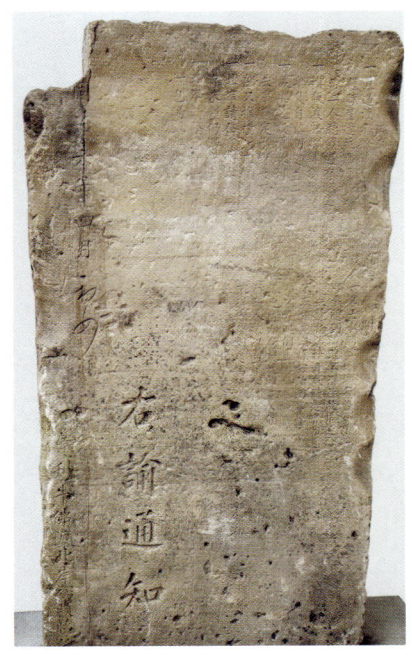

牛佛义渡碑（杨宗翔摄）

重修凤凰桥碑

重修凤凰桥碑立于旭水河畔的大安区凤凰坝,距凤凰桥约50米,刻于清道光二十七年(1847),碑高2.1米,碑宽1.65米。碑左右联题字为"山围玛瑙形如锁,桥翊凤凰势欲飞"。碑文中记载了凤凰桥的由来,尤其是自贡大盐商颜昌英捐资35万文、李振亨捐资8万文及其他绅商共同捐资建桥的事迹。此碑连同凤凰古桥一起见证了自贡井盐运销威远及盐商、乡贤等捐资建桥的历史,具有重要的文物价值。

重修凤凰桥碑

重修凤凰桥碑拓片

此外,清乾隆二十八年(1763)富顺进士李芝曾撰《凤凰桥记》,记载李氏族人培修凤凰桥的情状,大赞积善传家之美德。

凤凰桥记[①]

李 芝

荣溪（旭水河）发源仁寿，由荣县公井至玛瑙山足，与威远龙会河合流，绕自流井厂而东，为威、富二县交界。因邻两井，行旅负载麇至，络绎来往不绝。去二县郭门或七八十里，或百里，无辎轩差使公移置迟，故令兹土者，均计未遑。昔有桥名永济，莫知创始。明季为流贼蹂躏，无有矣。顺治初，族伯如莲喜为施济，出己力捐修，至今百余年，无望洋者。然年久板啮趾摇，行者岌岌。壬午（1762）夏，上流骤雨，奔冲荡激，枯槎壅扼，以致倾圮，行者复病。族侄于铨、于钧，如莲孙也，追念先人之志，约其昆季子侄等修砌补架之。庀材鸠工，逾月工讫，缺者复完。行者忘其为如莲伯之力，而侄于钧等亦若以此为己力所当，为是可书也。

余尝谓，世人有二病：不当为而为，与当为而不为。夫当为而不为，为可耻。则当为而为者，为可嘉也。至于当为而为尚可以不为，而卒能为之，尤为可嘉也。吾族中往多衣冠慕古之士，其后每微，至于今稍变矣。使为人子若孙者，念先人之绪，践陈迹而补葺之，因时之宜，以为救使，不至于颠越不可修治，将衣冠累世不绝，可卜也，是桥不其小者欤？

乾隆二十八年壬午中秋日

震复桥碑

震复桥坐落于沿滩卫坪乡尖山村3组釜溪河支流舒滩河与釜溪河入口处，是清同治年间（1862—1874）修建的古桥，现保存完好。桥跨度约为4米，是一座坚固精巧的小型单孔石拱桥。桥头约20米处有《震复桥记》石碑一通，碑高约200厘米、宽约115厘米、厚约12厘米。震复桥碑立于同治八年（1869），碑文记载了自流井王三畏堂盐业家族中的王朗云及王辑五、严士攀、罗以学、汤门魁、王体谦、车全五、罗敦著、王善长、黄应先等绅商重修震复桥的至善义举。碑文反映了自流井盐业在道光年间日渐衰败，咸丰时期因"蜀盐济楚"而快速恢复并发展日盛的过程。从碑记可知，震复桥始建于清康熙五十八年（1719），同治八年（1869）重建，碑文由代理贡井分县知事顾复初撰。震复桥及其碑刻具有重要的文物价值。

[①]段玉裁：《富顺县志：卷二：山川下》，乾隆四十二年。

震复桥

震复桥记

仁,必有所相及;义,必有所相成。

国家深仁厚泽二百余年,粤西寇起,初势炭炭,继而大难削平,海内乂安,国势民心转以益固。此岂独庙谟深远、群臣一心,盖亦赖诸士民之力。富者输将,才者捍御,云合辐辏,以赞成功。

若蜀中自流井诸士民,亦其一也。

井于道光间濒就衰息,逮咸丰朝,大吏议以蜀盐济楚,井乃骎骎乎日盛,凡蜀之供输于是乎出。地宝所溢,蔚为声望。凡士之之急公趋义者,咸蒙褒赏。

若观察王君朗云,亦其一也。

王君家故饶裕,军兴以来,邦有大事,靡不襄;所以为地方谋兴作,经久远者,靡不任。

若今震复桥之修建,亦其一也。

夫一桥之成毁,固无关于得失。即王君之于一桥,亦岂系以重轻。然而仁之所由相及,有其大者而后推于小;义之所由相成,观其小者而可信其大。然则王君之所以好行其德者,予将于是桥乎觇之。

是为记。

权知贡井事吴郡顾复初撰并篆额。

附刊康熙己亥创建

姓名：王辑五、严士攀、罗以学、汤门魁、王体谦、车全五、罗敦著、王善长、黄应先

地主：天灯会黄兴发

施石：观音堂陈隆友

匠师：陈昌忠

同治八年岁次己巳三月之吉

震复桥碑

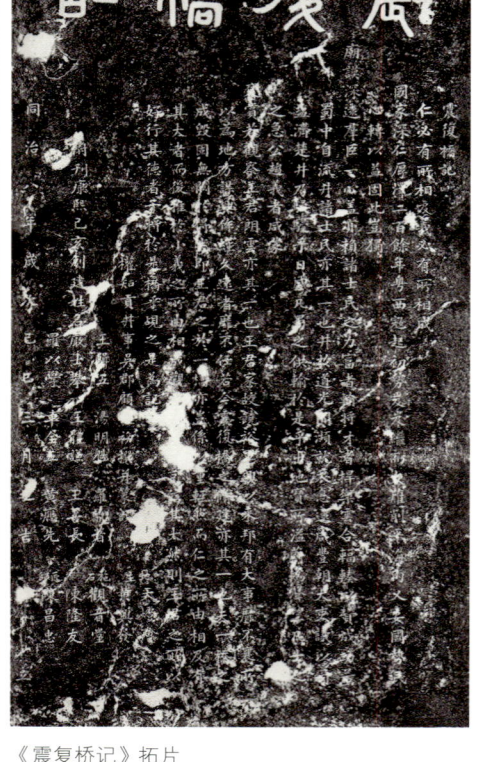

《震复桥记》拓片

患除不均石刻

患除不均石刻位于富顺县邓井关社区人民路的崖壁上，刻于20世纪三四十年代，高约2.6米、宽约6.5米。此碑已部分风化驳脱，碑文已不完整，不过细

辨其文及结合自贡市档案馆馆藏民国盐业档案可知,邓关处于釜溪河、沱江之交,为自贡盐运出釜溪河并转运沱江的水路咽喉,其上游的运盐橹船和下游的转运拨船群集于此。民间运盐行商组织把持邓关盐船的派运工作,为谋取钱财,实行垄断包揽,盐船派运严重不均,造成不少船工船民无法度日,弱小船户几乎处于停运状态,以致百弊丛生,船户苦不堪言。上千家船民及运盐船业公会为争取利益,为求苦乐平均,消除此等不公平之祸患,要求实行盐船轮运,使其利益均沾。经过反复博弈,最终实现盐船轮运制,消除了不公平的垄断式祸患,保障了广大船户的利益。此碑是釜溪河及邓关运盐船民争取合法权利的重要物证,也是当时地方政府和盐务机构为民纾困的历史见证。2020年5月,患除不均石刻被列入自贡市第一批井盐历史文化遗迹名录。

□□(运司)三公治易
县长闵公绍崖
委员赵公献集　　德　政
委员斯公煜盼
委员赵公道碑

患除不均

邑南邓井关,当荣沱二水之交,为自贡盐产出□乎。官运于兹筑堰,点载易船设官。关外木船麇集,挨轮受载,利及薄及鸣,无不平治□(焉)。政府虽仍设□□□,以□关政殊,有私垄断者流弊。□(盐)运轮多操纵,而弱少船民每多因而失业。告至所□身抬随属焉。襄岁,运司三公治易。洞察积弊,始委献集赵公监运,创兴载盐船业公会矫其矣。复任斯公□□(煜盼),赵公道源踵继原职。又组拨船轮运公会,□(俟)其□(船)民利益得以均霑,适得孔氏不患寡而患不均。□旨□□□□虽□无□□之梁□望时至然□□任自随□。官船民数千家永受保障矣。因感其德,□□患除不均。

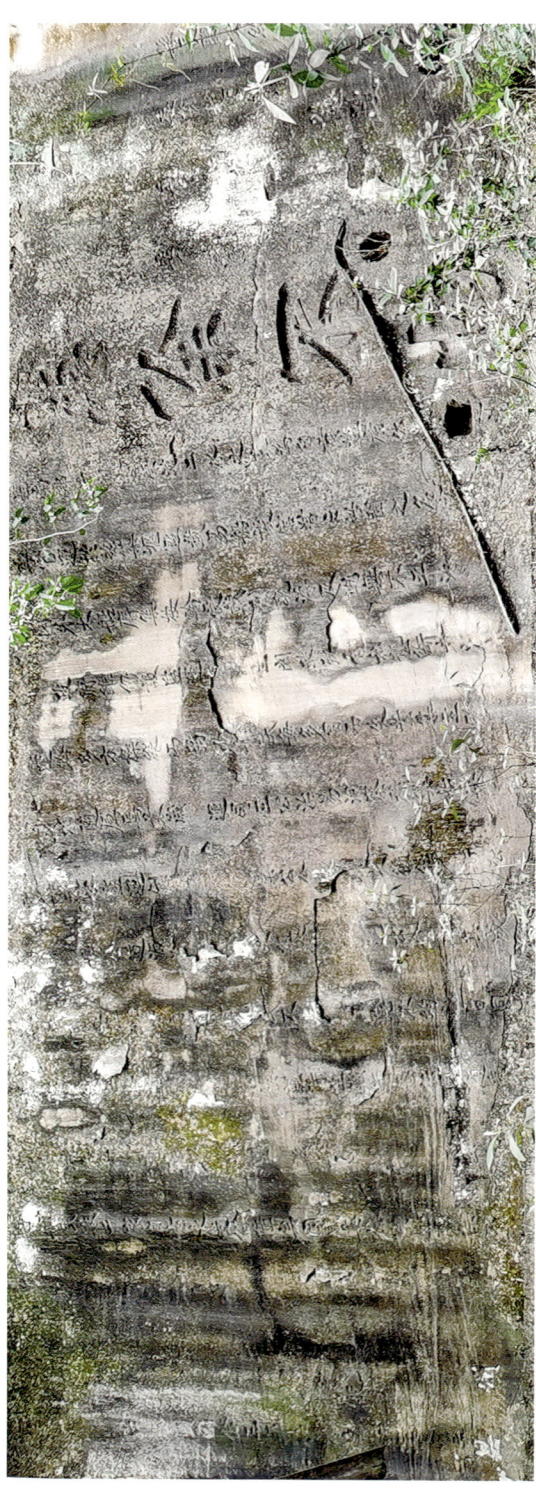

患除不均石刻（杨宗翔摄）

沿滩上下船只碑记

清乾隆二十五年（1760）《富顺县志》收录了《沿滩上下船只碑记》，虽如今未能见到此碑，或许早已被毁，但该碑记对釜溪河沿滩段上下盐船的通行规则及对沿滩这一险滩和盐运要隘的具体情形做了详载，对釜溪河盐运史的研究有极大价值。故而将其节录如下：

沿滩上下船只碑记[①]

龙 源

尝观上古帝王师相暨公乡大夫士庶，其有德堪传事可纪者，即田夫野老，皆得咏歌其迹，以志不忘。

我邑城之西五十里地名沿滩者，山川形胜，卓尔异常。上有犀牛口，转为左翼，下则观音崖，佐为水口。其间居民铺户数十烟，往来行人，不绝如缕。对岸则有宝乘、四峰山两观接壤，钟鼓相应，历称灵刹焉。观下则沿江五里，舟楫往来，渔歌上下。水落石出，则石瓮硋然，空中多窍，俯而吹之，若海螺声，且横盘石下，青鼻鱼池，江流分纳。时届三春，波光荡漾，群鱼踊跃，褰裳可取，第见两岸行人，且行且止，顾而乐焉。服贾者至斯地而心旷神怡，游观者止于斯而徘徊不去，美哉是亦。

江阳盐厂，水陆两道装运出入之名区也。但因糟夹硐险，不时水涸，仅容一舟，是以上下相争，彼此相持，每多壅滞，至经旬日而羁留者有之。

今幸我仁廉熊公葵向莅任斯土。公巡厂（盐厂）政，沛泽滂流，爰定双单两日，上下（船只）照例遵行。由是而争竞之患悉化，由是而羁留之病俱免。上（行）者相循次第，下（行）者顺适其自然。

睹河水之洋洋奂，霱王道之荡荡乎？猗欤休哉！政不以地而益彰，事不因人而益传哉。然而曳扁舟而驾是江者，泳斯游斯，浑焉淡忘，视公力于何有？龙等濡其恩波，沾其惠泽，久仰德政之当垂，每思仁声之远播，不揣疏陋，敢竭鄙忱，爰采片石，以志不忘。

[①]熊葵向、周士诚：《富顺县志》卷二十，乾隆二十五年。

传统聚落

"因利所以聚人，因人所以成邑。"这个"利"，在自贡地区主要就是指盐利。自贡地区绝大多数传统聚落，其兴起和发展与井盐的生产或转运贸易有紧密的关联。这些传统聚落均坐落于井盐水路和陆路运输的重要节点上，物资交易频仍，商贸兴盛，人们既转运出食盐，又将自贡盐场所需的竹、牛、大米、粮油等生产生活物资大量运入。运盐之利往往大于产盐之利，于是盐道上的水陆码头处逐渐形成一个又一个街市、集镇。诚如马克思所言："真正的城市只是在特别适宜于对外贸易的地方才形成起来。"①随着食盐贸易的繁荣，自贡盐运水路和陆路节点上的聚落不断发展起来，如因盐运而兴的自流井、凉高山、大山铺、永安、仲权、艾叶、仙市、牛佛、赵化、三多寨等。

古　镇

艾叶古镇

艾叶古镇地处自贡盐场的最西端，历来是水路、陆路盐运的枢纽和要津，如今保存完好的平康桥、平康堰、码头和横街是其作为"自贡盐运第一镇"的最好见证。自贡地区熬盐的煤炭和架天车（井架）用的木材，主要来自荣县和威远，这些物资主要在艾叶滩卸船。为减少转运，便于船只、木筏直接翻滩，清康熙三十五年（1696），时人在艾叶滩200余米长、60余米宽的旭水河石滩上开凿出宽6米、长约100米的船槽，形成行船甬道。光绪二十八年（1902）修建的平康桥，联通了艾叶、长土两大盐区。光绪三十年（1904），为提高水位，便利船只通行，又修筑平康堰闸。艾叶滩码头整体结构为"之"字形，有一月亮坝。艾叶横街濒临旭水河，一端连接艾叶滩码头，另一端与平康桥、平康堰闸相连，长

---

① 马克思：《资本主义生产以前的各种形式》，《马克思恩格斯全集》第46卷（上），人民出版社1979年版，第474页。

约300米，高低错落、曲折蜿蜒，当年挑夫盈途、商铺林立。横街两侧建筑为清代川南穿斗式结构，灰墙黛瓦，古色古香。2013年，艾叶古镇入选中国历史文化名镇。

艾叶古镇风貌

艾叶古镇

艾叶古镇横街

艾叶古镇横街民俗文化活动

仙市古镇

仙市，原名仙滩，坐落于沿滩区东北部的釜溪河畔，距自贡市中心约12千米。仙市自古就有"东大道下川路第一站"的美誉，也是釜溪河当年重要的盐运码头之一。大量的自贡井盐就是经这里上成都，入川西，到重庆，过川东，出三峡济湘、鄂，这些地区的粮食、布匹、地方特产之类的生活物资也经仙市运回自贡。故而，仙市在史籍中留下了"挑夫盈途""帆桨如织""夜市灯火通明"的记载。特别是太平天国运动和抗日战争时期，自贡盐场的井盐生产和运销步入鼎盛，仙市随之扩建街衢规模，形成"四街、四栈、五庙、三码头、一鲤、三牌坊、九碑、十土地"的场镇格局。如今，仙市古镇处在青山绿水的环抱中，粉墙黛瓦的各式川南民居和精美的会馆庙宇错落有致地分布在河岸山坡上，空间变化丰富，对比协调、层次分明、韵律和谐，展现了"半镇青山半镇楼，山形镇影在水中"的融山、水、镇于一体的古镇风貌。保存完好且最具代表性的民居建筑——陈家祠堂（建于1881年）布局严谨，井然有序，恢宏清秀，构筑典雅。保存完整的两座会馆——南华宫（即广东会馆，建于1862年，现改为金桥寺）、天上宫（即福建会馆，建于1850年），通过侧厢房组串起来，颇具特色。仙市古镇于1992年被列为四川省历史文化名镇，2007年入选中国历史文化名镇。

釜溪河畔的仙市古镇

仙市古镇民居

仙市陈家祠堂

邓关古镇

邓关，地处釜溪河与沱江交汇地段，是自贡至富顺、泸州、内江、宜宾的水陆交通要地，也是川南地区商贸繁荣的重要集镇。早在宋代以前，当地就有邓姓者在这里凿办盐井。北宋时，因凿井制盐以邓姓盐井最盛，且商贸兴旺，故设置邓井镇。清乾隆元年（1736），叙州府建武厅通判署移驻邓井，称盐捕通判署，设关征收盐税，遂名邓井关或邓关。邓关因船运业兴旺而逐渐繁荣，街市列于釜溪河和铁钱溪两岸，长约5千米。釜溪河邓关段帆樯如织，鼎盛时泊船上千只，直抵釜溪河与沱江交汇处的李家湾，逶迤壮观。镇上的茶房、酒肆时常通宵营业，评书艺人口若悬河，吸引无数听众。如今，邓井关古镇失去水陆码头的优势，往昔繁华无存，唯有遗存的码头、老街、庙宇等在静静地诉说着"白日有千人拱手，夜晚有万盏明灯"的兴盛过往。

邓关老街

邓关古镇风貌

邓关观音阁

狮市古镇

狮市，原名狮子滩，位于富顺的东北部，依偎在沱江东岸，是富顺至牛佛的重要水码头，也是资中至泸州的货船停靠码头之一。古镇建于清末至民国时期，建筑多为悬山式屋顶、穿斗式结构、小青瓦屋面，依山傍水，高低错落，次第而立。这里街房依坡而建，高低叠次，老街宽不盈丈，屋檐相伸欲接，大有凉亭街的神韵。一条老街串起古镇的"三宫"和"四庙"，天后宫、南华宫、禹王宫及川主庙、文昌庙、药王庙、观音阁散落在一楼一底的木结构民居中。古镇小巧玲珑，保存较完整，码头、店铺、庙宇、袁家大院等构成了川南水乡古镇的风貌和特色，具有较高的历史价值、艺术价值和科学价值。2009年，狮市古镇被列为四川省历史文化名镇。

狮市老街

狮市观音阁

狮市袁家大院

狮市川主庙

狮市天后宫

狮市古镇码头

牛佛古镇

　　牛佛位于大安区的东部,距自贡市中心约35千米,因其对岸有一座牛王山而得名。牛佛地处沱江下游,交通非常便利,上通资中、简阳,下达泸州、重庆,自古以来就是沱江流域的一个大水码头和重要的商品集散地。明清时期,这里长年帆桨如织、百舸争流,自流井的食盐从这里运销川西平原和川东地区,川西平原的大米和川东地区的百货也从这里运至自流井盐场。除便利的水路运输外,牛佛还是自贡地区陆路盐运通道上的重镇,自流井运出的票盐,多经牛佛等处,其他道路多不如该处之繁忙。随着商贸的繁荣兴旺,牛佛逐渐形成了"九街十八巷"的街市格局。因为商贸兴盛,不仅本省商人在此经营,更有"五省"商人来此发财,并相继兴建起各省同乡会馆,号称"五省八庙"。这些庙宇中神佛塑像庄严,壁画技艺精湛,殿堂柱石雕刻造型异常精美。此外,中和灏、贺乐堂、王爷庙等祠堂建筑也具有相当高的艺术水平。

沱江畔的牛佛古镇(杨焕明摄)

牛佛贺乐堂

牛佛禹王宫

牛佛万寿宫

牛佛中和灏内景

牛佛中和灏山墙

赵化古镇

赵化古镇，位于富顺县城以南40千米，濒临沱江，因盐运与丝绸产业较为发达，成为富顺四大水码头之一。近代以来，自贡地区的井盐生产和运销步入黄金时代，给沱江下游带来了前所未有的商机，其中，赵化因交通区位优势而成为受到极大实惠的场镇之一。盐船在赵化盘滩过坳或停泊起载，船夫、纤夫集聚于此停留消费；陆路上过往挑夫成群，马帮成队，无不在此歇脚。船桨穿梭，挑夫盈途，商贾云聚，客栈店铺鳞次栉比，庙宇会馆交相辉映。白天市声鼎沸，夜晚灯火通明。赵化随着自贡井盐之路的开拓而兴盛繁荣。

古镇建筑布局自宋代起，迨至明清时期，逐渐形成"七街四巷九宫"，即以川南穿斗式民居建筑风格为主的房屋，酌配宫、庙、堂、祠于其间。建筑多为一层或二层，屋檐出挑深远，支撑形式多样，轻巧古朴，高低错落。楼檐多由流线型木条装饰，简洁大方，匾联甚丰，处处可见精致典雅的砖雕、木雕。坐落在西街中段的禹王宫，占地面积约2200平方米，是建于清道光二十六年（1846）的湖广会馆，大门高10米，斗拱重檐及两厢至今保存完好。古镇上的刘光第故居、当铺、老街等保存完好。2012年8月，赵化古镇被列为中国历史文化名镇。

赵化古镇

赵化古镇民居

赵化古镇正街

刘光第故居

赵化两湖会馆

赵化老当铺

赵化古镇码头

长滩古镇

长滩，俗称长滩坝，地处富顺东南部，依偎在沱江西岸，是自贡地区井盐外运出境的最后一个黄金水码头和过往客货船只停靠的天然良港。自贡井盐陆路贩运至泸州，也必经长滩。清中后叶至民国时期，长滩享有"金沙滩、银码头"的美誉，每天从上游自流井来的盐船、内江来的糖船及下游泸州来的日杂木材货运船均交会于此，成就了其在沱江水运史、自贡盐运史上举足轻重的地位。镇上人流如织，空前繁荣，形成了"四闸门、九宫八庙、三街六巷、四码头"的建筑规模和格局。目前，长滩古镇的老街和部分庙宇仍然保存较完好。老街建筑大多为小青瓦平房，采用穿斗结构，屋顶为悬山式，部分为一楼一底小青瓦屋面，保存有木门、楼板、窗格、吊挂等，极具川南民居特色。九宫八庙历尽沧桑，其中：帝主宫建于清代，现存正殿，整体保存基本完整，宫内石雕石刻、撑弓木雕图案丰富而精美；天后宫建于清光绪年间（1875—1908），现存戏楼、正殿、厢房，其戏楼为现存不可多得的全木结构建筑；五显庙建于清乾隆十一年（1746），现存前厅、中殿、后殿，其建筑布局保存完整，单体重檐屋面及封火山墙独具特色。另外，王爷庙、禹王宫、南华宫也尚存部分遗迹。

长滩东街（长滩镇文化站提供）

长滩西街民居

长滩帝主宫(长滩镇文化站提供)

长滩五显庙

长滩南华宫

长滩天后宫

长滩禹王宫

长滩刘家祠堂

永安古镇

永安镇,原名鳌头铺,因"鳌"与"毛"近音,故又名毛头铺。永安是井宜路上的重要驿站,从自流井运盐至宜宾的脚夫和驮队,从宜宾、云南等地贩运茶叶、药材和山货到自流井的商人多在永安歇脚或住宿。清代、民国时期,在不到1千米长的永安街道上就有20多家客栈、30多家茶馆、30多家饭馆、上百家商铺。永安镇曾有"五省八庙"之说,即湖广(湖南、湖北)人建的禹王宫,福建人建的天后宫,广东人建的南华宫,江西人建的万寿宫,四川人建的川主庙,屠宰帮建的张爷庙,苗、罗等13姓建的文庙,本地人建的启圣宫。此外,还有文昌宫、三圣宫等。在"文化大革命"前,大部分庙宇保存完好。现在仅存有禹王宫、天后宫和文昌宫,其中禹王宫的附属设施——阁乐祠保存较为完整。

永安古镇

阁乐祠鸟瞰

永安天后宫（来源：《自贡市第三次全国文物普查重要不可移动文物名录》）

永安文昌宫遗址（来源：《自贡市第三次全国文物普查重要不可移动文物名录》）

仲权古镇

仲权镇,原名双石铺,因此处原有的天上宫两侧各有一巨石矗立而得名。其南与漆树乡、富全镇相邻,西与荣边镇、农团乡相连,北与舒坪镇接壤,旧时是自贡到宜宾传统交通线路上的重要驿站和商贸集散地。其集镇发展有着厚重的历史文化积淀与传承,现存历史遗迹有老街、万寿宫、南华宫等,其中尤以万寿宫最有代表性。万寿宫位于仲权镇黄家村1组,坐北向南,建于清乾隆十八年(1753),占地面积约1720平方米,整体建筑结构为四合院布局,四周山墙环绕,歇山式屋顶,小青瓦屋面,穿斗、抬梁式砖木结构,进深43.4米,面阔40.6米,门楼为一牌楼,戏台基本保存完好,正殿全毁,左右厢房部分被拆除。

仲权南华宫遗址

仲权万寿宫门楼

仲权老街

回龙古镇

回龙镇位于大安区的东南部，距自贡市中心约50千米，距沱江岩槽码头2千米，因场镇迂回曲折、形如游龙而得名。昔时，回龙场是自流井的食盐运往隆昌、荣昌、永川、璧山、重庆的重要驿站。运盐船从上游的牛佛渡运到沱江边的岩槽码头后，盐担子从这里再转运到回龙场，然后运往重庆方向。由是，回龙场挑夫盈途、酒肆林立，商贸繁荣。如今，回龙古镇的天后宫、禹王宫、川主庙等仍然保存较为完整，庙宇古朴，古色古香，构筑精美，香火鼎盛。

回龙老街及民居

蜿蜒的回龙老街

回龙禹王宫正面

回龙禹王宫后侧面　　　　　　　　　回龙川主庙

回龙天后宫

老 街

自流井老街

自流井老街位于自贡市市中区火井沱北麓、釜溪河南岸，依山傍水，错落有致，既是昔时运输井盐的古盐道，也是举世闻名的自流井遗址所在地。老街传统建筑均系清末和民国时期的川南民居风格，灰墙黛瓦，古韵悠悠，展现了釜溪河盐运水道两岸的历史风貌，构成了"千年盐都"一道亮丽的风景线。自流井、路边井、宝龙井、钱川井、荣华井、四望井、火龙井等天然气井或卤水井遗址，以及古盐道、码头、驿站、盐垣、柜房、盐商宅邸、盐工住宅等，散布其间，相映成趣，具有极其重要的遗产价值和旅游价值。

自流井老街

自流井老街古盐道（孙明经摄，1938年）

釜溪河畔的自流井老街

贡井老街

贡井老街位于贡井区贡井老街社区，始建于清初。贡井有九坝十三街，这些坝和街，集中在旭水河北岸的大公井周围，是公井古镇清代、民国时期风貌的缩影，现今保存下来的老街是其典型代表。由于贡井老街、河街地区井盐生产的进一步发展，清雍正八年（1730）在此设荣县贡井丞署。太平天国时期和抗日战争时期，淮盐受挫，川盐两度济楚，贡井和自流井两地井盐生产进入历史鼎盛时期，贡井老街一带已具规模。民国成立以后，随着新开凿盐井向旭水河上游长土、艾叶的逐步转移，加之受场地限制，贡井城区逐步沿新街（今和平路）向南，在今贡井大桥、贡井平桥所在的旭水河东西两岸成片发展。中华人民共和国成立以后，贡井城区重点已集中在旭水河东南岸的筱溪街地区，而老街河街成为偏于贡井城市北隅而能得以成片保存的历史文化街区。老街及附近有清雍正时期（1723—1735）专署盐务的县丞居所"陈家祠堂"，有当街而建尽显简朴风格的明代建筑——贵州盐商会馆"贵州庙"，有建于清光绪二十五年（1899）、具西洋哥特式风格的广东盐商聚会场所"南华宫"，有自贡"新四大家族"之一的余述怀堂号兼宅邸——天禄堂，有极具地域特色的文化符号湖广庙、天后宫（福建盐商会馆）等各省盐商会馆以及与这些豪宅相呼应的盐业管事的住宅，还有自贡最早的邮电局旧址。2013年，贡井老街被列为全国重点文物保护单位——茶马古道的组成部分。

贡井老街

贡井老街民居

凉高山老街

凉高山是自贡市的东大门,距市中心约3千米,因地处凉爽而又高朗的山岭而得名。在历史上,凉高山是自流井盐场一个重要的产盐区。1941年9月,自流井盐商采用第一台电动卷扬机在凉高山的利成井采卤取得成功,开启了自贡盐场电力汲卤的历史。同时,凉高山还是陆路盐道井内路(自流井到内江)上的重要

凉高山老街

凉高山张氏节孝牌坊

凉高山王氏节孝牌坊

站点，商贾繁荣，运盐队伍络绎不绝。自流井盐场生产的食盐由此源源不断地运往内江、重庆、成都等地，内江、重庆、成都等地的糖和其他生产生活物资也经此源源不断地被运回自流井盐场。凉高山老街呈"Y"形，大街小巷长约1千米，街房多为小青瓦木石结构，宁静古朴、古意盎然。现在保存完好的两道雕刻精美、气势磅礴的石碑坊及雕梁画栋、朱栏玉砌的李亨祠堂，无不使人回想起该地昔日辉煌的盐业景象。

大山铺老街

大山铺位于自贡市的东北部，距市中心5千米。大山铺因行销内江、重庆、成都等地的票盐和从内江、重庆、成都等地运来的糖、粮油及其他日用百货在此集散而兴，是自流井通往内江、重庆、成都的重要驿站，人来货往，市井繁华，因大量物资在此汇聚及交易、转运，早在清代就有"填不满的大山铺"的说法。清代中晚期，大山铺正街两侧先后建有宫庙十二座。至今，长约1.5千米的大山铺老街尚存清末民初的街市格局和风貌，并保存有建于嘉庆十年（1805）的南华宫、建于道光二十五年（1845）的川主庙、建于同治三年（1864）的天上宫。老街弯弯曲曲，高低错落，店铺如两条长龙列阵两旁。

大山铺老街

大山铺南华宫

漆树老街

漆树老街，位于自贡市自流井区南部，距自流井中心城区约25千米，位于自贡与宜宾的交界处。相传，此街因漆树场边曾有一大水凼，凼旁长有大漆树而得名。这里曾是重要的盐运集散地，其向南接宜宾孔滩镇，往北接自流井区仲权镇，是旧时自贡井盐运往宜宾的陆路要道和重要驿站，运盐挑夫、马帮多在此小歇或住宿，街上饭馆、酒店、客栈、茶馆多，生意常年兴隆。漆树老街较完整地保存了多处清代和民国时期的建筑，特别是老街上现存的清代乐善坊碑，充分见证了清代、民国时期富荣盐场井盐运往宜宾及云南的辉煌历史。

漆树老街

詹井老街

詹井，又叫詹家井，是沿滩区釜溪河边的一个传统自然村落，是因盐而兴、后转衰的聚落，是古时自流井到富顺盐大路上的重要驿站和食盐转运的水码头。在清初以前，詹家井地区盛产食盐，因一口自贡盐业历史上著名的盐井——"詹井"而出名，具有非常深厚的盐业历史文化内涵。釜溪河到了詹家井，河水比起市区更为开阔，有一古渡口曾是繁忙的盐运码头。如今，詹家井老街沿釜溪河段保存了较完整的、成规模的晚清、民国时期民居建筑及具有沧桑历史感的石板古街。因居民大量迁出，这些传统民居闲置，其保护现状较为堪忧。作为自贡历史上集食盐生产和运销于一体的詹家井聚落，依托井盐文化，詹井老街遗存下来的传统建筑及沿釜溪河的自然风光具有重要的保护价值和开发利用的潜力。

詹井老街

詹井老街上的传统民居建筑

寨 堡

三多寨

自贡市大安区三多寨是晚清民国时期"雄盖川南"的盐商寨堡,是旧时自流井到内江陆路盐道上的重要寨堡,位于自贡、内江、威远交界处的牛口山上,海拔约436米,山势险峻,崖坎嶙峋。清咸丰三年(1853),自流井盐业世家"李陶淑堂"盐绅李振亨首倡,联合颜昌英、王克家等盐商合力建寨,咸丰九年(1859)竣工,耗银10余万金,费工110多万个。考其名由,乃是合盐商李、颜、王三姓共建之功,并寓多福、多寿、多丁之意。

三多寨在鼎盛时期,内有农田400余亩[①],居住人口逾3万人,房屋数万间,自开水塘,广储粮草,俨然一座封闭的城垣、独立的王国,易守难攻,全川罕见。在三多寨兴建的百余年间,李、颜、王三姓以及到寨定居的各地士绅大兴土木,营建豪宅府第。其建筑既有中式大院,又有西式洋楼,更多的是中西合璧的建筑。这些庭院均以"堂"命名,至20世纪40年代三多寨内就有110多座高

---

① 市制单位,1亩≈666.67平方米。

堂大院、如思永堂、陶淑堂、慎怡堂、桂馨堂、知足堂、葆智堂、刘耕辛堂、嘉乐堂、上敦睦堂、下敦睦堂、郭九思堂、安怀堂、树滋堂、李宝善堂、李一福堂等。寨垣高约10米，宽3米，周长4330余米，占地1.25平方千米。寨墙上有垛口2550余个，炮楼24座，有东、西、南、北及外西门5道寨门，南寨门尤为险要，建有石梯300余级供行人上下。三多寨古镇至今仍保留了自清咸丰年间（1851—1861）筑寨以来的基本风貌，几十座大院、寨墙、寨门、佛祖寺、防空洞等得以保存，至今仍散发着迷人的神秘气息。2019年，三多寨镇入选中国历史文化名镇。

雄踞牛口山上的三多寨

三多寨南寨门

三多寨西寨门

三多寨东寨门

三多寨古道　　　　　三多寨碉楼

三多寨胡慎怡堂宅

三多寨安怀堂宅

三多寨李陶淑堂宅

三多寨葆善堂宅

三多寨防空洞

集生寨

集生寨始建于清咸丰十年（1860），主要由盐商家族颜桂馨堂的颜昌英主持修建。民国《富顺县志》载，颜昌英费金巨万，修筑三多寨，捍卫井厂，出力斡旋，群推厚德，复修集生寨于吕仙岩，保全万余人。此寨位于荣县东北，北面与东面皆与威远县接壤，处于荣、威两县之交界，位置极为险要。其选址于吕仙岩顶，内部核心区占地约30亩，平面呈椭圆形，南北长、东西短。山崖的南、北、西三面皆为悬崖，石壁天成，高50～80米不等，成为天然的寨墙。因其南面地形较缓，故筑有寨门及寨墙，门额刻"集生寨"三字。

寨内雄伟的寨门、石狮、传统民居建筑均有保存，而且还留存了清代、民国时期反映颜氏家族及自贡井盐生产和运销管理的碑刻。集生寨的门洞宽2.5米、高3.8米、进深1.1米，门道宽2.8米、高4.2米、进深8.2米。无论从条石的大小，门洞高、宽还是门道进深等来看，寨门的规模在四川地区的寨堡遗存中都是非常罕见的。南门两侧筑的寨墙，残长约70米，残高4～7米，厚达5米，还残存有部分垛口，从寨墙的高、宽来看，亦能够看出寨堡原貌之雄伟。

雄伟的集生寨寨门

集生寨寨门侧景

集生寨内寨门

集生寨残存的寨墙

大安寨

大安寨始建于清咸丰十年（1860），由自贡盐商家族王三畏堂的当家王余照倡修，为抵抗太平天国时期的李蓝军攻打自贡盐场而筑。大安寨建成后，王余照任首任寨长，内有居民2000余户，井厂工人寄居者上万人，并招募上千名练丁驻寨守御，李蓝军攻而不克。为进一步加强大安寨的防御和保障水源，王余照等又筑九安寨，两寨紧连，互为唇齿，形成互为掎角的子母寨。

大安寨位于王大山山顶，寨堡成南北向椭圆分布，区域面积约15万平方米。寨堡现存南寨门与水东门，东寨门仅存地基。其中南寨门宽1.5米、高2.4米、寨墙厚2.5米。寨上炮台尚有残存，吊炮台为青石垒砌，高10余米，长约8米，宽约5米，建筑面积约40平方米。寨中还保存有清代及民国时期所建大宅院20余处，其中有清代育才书院旧址、王三畏堂家族柜房建筑、上天心窝宅院、下天心窝宅院、王德谦宅、义门堂、达生堂、有余堂、荆花湾宅院等。

大安寨南寨门

大安寨古道

大安寨院落

大安寨王德谦宅

大安寨达生堂

大安寨荆花湾宅院

传统建筑

清代至民国时期，随着自贡盐业经济的繁荣发展，各式各样的庙宇、会馆、祠堂、宅邸等建筑在自贡盐运水陆节点上逐渐兴起、发展。各种外地的建造技术与本地固有的建筑形式碰撞、交融，形成自贡特有的建筑风貌。这些富丽堂皇、多元文化交融的庙宇、会馆、祠堂、宅邸，成为自贡盐运古道沿线一道奇特而亮丽的风景线。

会馆庙宇

清代中后叶至民国时期，随着自贡地区盐业生产和运销的繁荣发展，大量外地移民来到自贡地区寓居及经营盐业，使自贡地区成为一个客土同居的移民社会。为了维系原籍文化，各省籍的移民在自贡地区修建会馆，以便同乡人"迎神庥、联嘉会、襄义举、笃乡谊"，以及举行祭祀、演戏等大众化的社会活动。如今，自贡地区依然保留有西秦会馆、南华宫、贵州庙、天上宫、万寿宫等。

清中叶以后，自贡地区的食盐运输以水路为主，入旭水河，进釜溪河，下沱江。然而，这些江河均属长江的小支流，河道弯曲狭窄、峡岸束江、波翻浪涌、水流湍急，尤以旭水河、釜溪河为甚。为此，自贡地区的船工和盐商纷纷集资兴建王爷庙，供奉镇江王爷，庇佑盐船一路平安，避免船毁盐失。

西秦会馆

西秦会馆，又名关帝庙、陕西庙，坐落于自流井区解放路。清乾隆元年（1736），自贡地区因经营盐业而发家致富的陕籍商人集资兴建了这座会馆，历时16年竣工。道光七年至八年（1827—1828）又进行了一次大规模的重修与扩建，形成了一个规模宏大的建筑群，占地4000多平方米。

西秦会馆在布局上因地制宜，沿86米长的地基中轴线建造主要的殿阁厅堂，周围则用廊、楼、轩、庑以及一些其他建筑环绕和连接，形成一个立体有纵深、有层次的建筑群。整个建筑群由前至后，层层叠叠，逐渐升高，给人一种层

西秦会馆鸟瞰

西秦会馆内景

西秦会馆献技诸楼

次分明、布局规整有序的感觉。会馆的主要建筑有武圣宫大门、献技楼、大观楼、福海楼、金镛阁、贲鼓阁、抱厅、参天奎阁、左右客廨、中殿、正殿、内轩、神庖等。建筑物或组合或独立，其间还有大坝、花园和水池加以穿插点缀，疏密得当，错落有致，整体上给人抑扬顿挫的感觉，颇有"五步一楼，十步一阁""各抱地势，钩心斗角"的阿房宫遗韵。

会馆建筑中精美的木雕、石刻、彩绘、泥塑多达数百件，遍布全馆，令人目不暇接，尤以石狮、献技、金镛、贲鼓等楼阁的雕刻最为突出。大门石狮高2.27米，突目隆鼻，身披卷毛，四爪锋利。两狮正身向外扭头相望，张口作嘶吼状，颇显威严。献技楼、金镛阁、贲鼓阁的木雕，集中在长22.3米、宽67厘米的栏板上，人物有350多个，疏密得体，刀法明快。此外，额枋、衬枋、挑梁、垂花、栏杆上的木雕，有神话传说、历史故事、社会生活、戏剧场面、花鸟静物等，均刻艺精湛，惟妙惟肖，栩栩如生，是研究清代社会生活、戏曲、歌舞、宗教艺术等珍贵的实物资料。著名古建筑专家罗哲文先生评价西秦会馆："木石雕刻的奇葩，会馆建筑之瑰宝。"

西秦会馆木雕

西秦会馆是中国古代建筑中的艺术珍品，也是中国井盐发展史上不可多得的历史文物。1959年，西秦会馆辟为自贡市盐业历史博物馆并对外开放，重点展示中国古代井盐生产技术的历史演变。1988年，西秦会馆被国务院公布为全国重点文物保护单位。

西秦会馆石雕

贡井南华宫

贡井南华宫，又称岭南会馆，坐落在贡井城区老街子南华巷，是广东盐商修建的同乡会馆。其始建于清光绪二十五年（1899），坐北向南，占地面积约4000平方米。戏楼、走廊环绕庙内，花厅、厢房、院落错落排序，显现出严谨和谐的美感。四周宫墙上绘有山、水、虫、鱼、花草、人物。背面围墙上镶嵌一只美丽的开屏孔雀，下衬祥云簇拥一柄宝剑，谓为"守宫之神鸟""镇宫之利器"。宫门两侧彩塑龙头，眼圆睁，口大张，天降雨时，水从龙口涌出，十分壮观。正殿两侧四级封火山墙层叠高耸，燕尾檐翘然飞举，三星浮雕栩栩如生。主殿脊饰宏大精美，雄伟壮观，后门有西洋哥特式建筑风格。贡井南华宫建筑艺术水平高，华丽的封火山墙带有鲜明南方地域特色，其建造细节与结构构造深受当地住宅建筑和地方建筑材料的影响，侧院侧门带有西洋巴洛克建筑特色，反映了各种地域文化的特点，同时是中西文化融合的产物，具有强烈的时代特征。2012年，四川省人民政府公布贡井南华宫为四川省文物保护单位。

贡井南华宫正殿

贡井南华宫戏楼（李玉摄）

贡井南华宫封火山墙

贡井南华宫嵌瓷

贡井贵州庙

贡井贵州庙位于贡井城区新华街，是贵州盐商所建的同乡会馆，历史上又名荣禄宫、霁云宫、黔省会馆。该庙建于清雍正至乾隆年间，坐北朝南，总占地面积约3000平方米。整个建筑为砖木结构，用材讲究，建筑功能明确，具有清初营造法式的特点。整个建筑包括主院和后院，主院落由戏楼、戏楼东西耳房、正殿、东西厢房、正殿东西耳房及中间天井构成。后院连接正殿，仅剩后堂。现残存柱础石雕及栏、衬木雕精美细腻，镂空悬雕多姿多彩。贵州庙与南华宫并列于贡井老街南华巷，两建筑后门对峙，贵州庙以中国南方祠寺风格同南华宫欧式风格争艳。贵州庙后院为旧时贡井盐商设赌局处。贵州庙因盐而建，见证了富荣西场的繁盛及这一带盐业文化滋养的社会百态。庙内存有乾隆年间的盂兰盆会碑。2012年，四川省人民政府公布贡井贵州庙为四川省文物保护单位。

贡井贵州庙门楼

贡井贵州庙侧景

贡井贵州庙

贡井贵州庙侧门

仙市天上宫

仙市天上宫位于沿滩区仙市镇仙滩社区，是福建盐商修建的同乡会馆。建筑整体呈四合院布局，砖木结构，抬梁、穿斗混合梁架，有悬山、硬山等屋顶样式，小青瓦屋面。沿中轴线依次分布门厅、献技楼、左右厢房和正堂，中间大天井，左右不完全对称，呈"水壶"状。山门为牌楼式架构，献技楼为重檐悬山式屋顶，左右厢房为两层木结构。东西长约55.8米，南北宽约30.8米，建筑占地面积1453平方米。门厅面阔九间30.8米，进深10米。左右厢房各面阔五间19.2米，进深3米。正堂面阔六间30.8米，进深9.4米。从山门至观音殿呈三大梯级

仙市天上宫

仙市天上宫精美的木雕

分布，献技楼明堂垂带型踏步9级，观音殿明堂垂带型踏步11级。左右厢房底层有拱门通道通半边街。献技楼上藏有一根长达13米、直径0.85米的千年黄荆棍，是镇殿之宝。木雕、石雕、泥塑等各种装饰遍布整个建筑。

仙市南华宫

仙市南华宫位于沿滩区仙市镇仙滩社区，是清同治元年（1862）自贡盐运昌盛时广东籍盐商修建的同乡会馆，1958年改称为金桥寺。其东西长50米，南北宽余52.6米，占地面积2630平方米，坐落在半边街的山脊上，中轴线与半边街、釜溪河垂直，俯视釜溪河，蔚为壮观。整体建筑呈四合院布局，沿中轴线依次有门厅、献技楼、左右厢房和正堂等三级分布，起伏开合，层次分明，布局协调。门厅面阔七间31米，进深11米。左右厢房各面阔五间20.5米，进深3米。正堂面阔十三间52.6米，进深13.2米。献技楼与正堂之间有一个大天井，左右厢房底层尽间有拱门通道通半边街，献技楼为歇山式屋顶，左右厢房为双层木结构，整个建筑中木雕、石雕、泥塑等随处可见。

仙市南华宫

仙市南华宫正殿

仙市南华宫献技楼

牛佛万寿宫

牛佛万寿宫位于牛佛镇王爷庙社区，清康熙年间（1662—1722）由江西籍客商集资兴建。现存建筑占地面积445平方米，由正殿和后院厢房组成。正殿前有5级垂带型踏步，正殿面阔三间20.8米，通间进深12.7米，前后门有踏垛；后院左右侧各有厢房两间。万寿宫屋顶前后共有36只檐角，三重檐封火山墙对称布建于正殿左右，大门饰有人物木雕和垂花，后门饰有花鸟石刻。2009年，牛佛万寿宫被公布为自贡市文物保护单位。

牛佛万寿宫正殿

牛佛万寿宫封火山墙

回龙禹王宫

回龙禹王宫位于大安区回龙古镇，现存建筑有正殿一栋，左右厢楼各一栋。正殿为硬山式屋顶，面阔五间33.3米，通间进深16.2米，高11米。正殿前原有7级垂带型踏步。正殿内有四行木柱，每行五柱，共二十柱，柱为圆形柱，上小下大。左右厢楼均为两层，面阔四间16.3米，进深2.9米。正殿后侧有两个同等的天井对称分布，天井侧有房屋三间。四重檐封火山墙对称布建于正殿左右，建筑各处挂落、斜撑、驼峰等饰有精美的雕刻。

回龙禹王宫正面

回龙禹王宫后侧面

自流井炎帝宫

　　自流井炎帝宫，又称火神庙，位于自贡市中区釜溪河南岸，背依富台山，面向釜溪河，紧靠张家沱，始建于清嘉庆元年（1796），由自贡盐场的烧盐工人集资修建。其建筑风格属于两层楼的抬梁式木结构建筑，门楼和戏台融为一体，戏台两侧有抱楼环绕。穿过天井为正殿，正殿中供奉着炎帝——神农氏和关羽圣人的神像。庙里的神像全系木雕，与其他庙宇神像多为泥塑或石雕有别。2012年，自流井炎帝宫被四川省人民政府公布为四川省文物保护单位。

自流井炎帝宫

自流井王爷庙

　　自流井王爷庙坐落在自贡市中区釜溪河沙湾段的转弯处，背依龙凤山，俯临釜溪河，是自贡盐场橹船帮和盐运商奉祀镇江王爷的行帮会馆。该庙原是一座小庙，清同治年间修建正殿。光绪十五年至三十二年（1889—1906），胡汝修、李斐成等绅商又斥巨资扩建戏台和回廊，与原来的正殿有机融为一体。抗日战争时期，因扩修井邓公路，正殿被拆除。戏楼为抬梁式木结构，单檐歇山式屋顶，通高4.1米，面阔8.9米，进深8.85米，戏楼离地面高2.8米，正脊两端是鸱吻，正中置火龙宝珠一串，其下塑"福禄寿"三星。整个建筑布局独特，小巧玲珑，装饰华丽，雕刻精细，回廊曲径，飞檐比翼，崇楼丽阁，精美绝伦。同治年间，王爷庙已被《富顺县志》列为自流井的胜景之一。1991年，王爷庙被公布为四川省文物保护单位。目前，王爷庙为自贡市区著名的临江茶楼，每逢春节、元宵，庙内更是披红挂彩，灯火辉煌，游人如织。

20世纪20年代的自流井王爷庙及运盐船（哈安姆摄）

釜溪河畔的自流井王爷庙

自流井王爷庙

牛佛王爷庙

牛佛王爷庙位于大安区牛佛镇，濒临沱江，占地面积1100余平方米。该庙由本地船民集资修建，奉祀哪吒等诸神，因为船民们相信哪吒能够降服龙王，也就能治理水险，确保船运安全。每年农历六月初六举办庙会，船民到庙中祭祀供奉，场面盛大，热闹非凡。现仅存正殿和左厢房各一栋，正殿为五开间20米，进深12.4米，建筑面积248平方米，两侧有骑马山墙。左厢房面阔三间23.4米，进深三间12米。牛佛王爷庙对研究牛佛的民俗和自贡地区的盐运、糖运历史文化等均具有重要价值，2009年被公布为自贡市文物保护单位。

牛佛王爷庙

祠　堂

从19世纪50年代到20世纪40年代，在"川盐济楚"及"增产赶运"的历史进程中，自贡盐商两次迅速崛起。发家致富后的自贡盐商纷纷兴建自己的家族祠堂，用于祭祀祖先，或作为各房子孙办理婚、丧、寿、喜等大事的场所。其中，玉川公祠、子诚公祠、李亨祠堂、陈家祠堂、阁乐祠是当时自贡地区极为有名的祠堂。

玉川公祠鸟瞰

玉川公祠

　　玉川公祠位于沿滩区卫坪镇板仓坝，是自流井盐业世家王三畏堂的祠堂。该祠坐西向东，整个建筑属砖木结构，装饰豪华，古香古色，石墩、门窗雕刻巧夺天工，是我国不可多得的盐业历史文物。玉川公祠是王三畏堂首任总理王朗云于清同治十二年（1873）主持建造的，占地1700多平方米。取名玉川公祠，是王朗云为了纪念其祖父王玉川。王朗云去世后，王惠堂接任王三畏堂总理，又在玉川公祠旁修建了承德堂，耗银七万两。玉川公祠建筑群规模宏大，平面长100多米，宽40米左右，有房屋几十间，屋高七八米。正大门厅、中大门厅、南厢房、北厢房、大天井、小天井原貌基本依旧，大立柱、石雕柱础以及斗拱、额枋、衬枋上的木雕基本完好。该祠建筑精美凝重，金丝楠木立柱甚为罕见，厅堂轩室保存完整。该建筑是研究王三畏堂发家史、自贡盐业史、宗祠文化、盐商文化等弥足珍贵的文物。2019年，玉川公祠被国务院公布为第八批全国重点文物保护单位。

玉川公祠大门

玉川公祠内景

玉川公祠厢房

玉川公祠檐柱及木雕

子诚公祠

子诚公祠,又称王家大院,位于沿滩新城区岱山村二组(小地名塆头)。该祠始建于清光绪六年(1880),历时16年,于1896年竣工,由自流井大盐商王和甫主持建造。取名子诚公祠,是王和甫为了纪念其父亲王子诚。大院坐北朝南,三面环丘,正面迎水,采用左、中、右三组院落纵列布局,占地面积7588.6平方米,建筑面积4536平方米,系川南典型的穿斗式建筑。四重堂的大院,有正院、左右侧院、荷花池独院,内有天井十四个,外有围墙两层,其间花木扶疏,雕楼掩映。建筑用料精良,柱头石礅系黄浆石,梁、柱多以楠木、杉、柏等上等木材为之,石刻、木雕精细,凡山水人物、花草虫鱼、飞禽走兽皆栩栩如生。整个建筑院落重叠,屋宇参差,粉墙黛瓦,素雅明净,与大院八字形槽门上所刻"结庐人境"四字一同彰显着主人的精神追求和境界。

子诚公祠正门

子诚公祠内景

李亨祠堂

　　李亨祠堂位于大安区凉高山街原自贡市无线电一厂内,是自流井盐业世家李陶淑堂的祖祠。该祠于清道光末期由李陶淑堂的首任总理李亨修建,占地面积3040平方米。整个建筑为砖木结构,四合院布局。其分为上下两殿,皆鳌鱼坐脊,屋顶塑造人物,上殿天花板彩画二十四孝图,两楹三间,中无间壁,上悬黑漆贴金雕字大匾三幅,中匾题"慎终追远",左匾书"惟木有本",右匾为"惟水有源"。上殿阶檐为石刻栏杆,七级垂带踏步,直达下院坝。上殿左右为偏殿,殿后为大小花厅,厅侧有室,大花厅有池,唯右池上建桥入厅,两端为封火山墙,上殿为硬山式屋顶,各开园门。过下院坝为下殿,也为两楹三间,左右偏殿后为两座大花厅。右花厅有池有桥,池有勾栏,栏上石刻海螺,过桥直入大厅,池旁左右各有小厅。大厅两侧有室,门设厅内,窗临阶外,左右偏殿两边亦各有屋,屋门开于池畔。小厅以内,室窗齐偏殿前面而设。右花厅亦然,但无池桥。正殿中壁置木雕神龛,供"西平堂上历代高曾祖考妣神位"。柱梁、窗棂、挂落、斜撑均饰有雕刻。整座建筑有11个大小不等的天井,基本保持了清代祠堂建筑的原有风貌,对研究自贡清代的盐商建筑和盐业经济有重要的历史、文物和科学价值。2012年,李亨祠堂被列为四川省文物保护单位。

李亨祠堂俯瞰

李亨祠堂

李亨祠堂封火山墙

贡井陈家祠堂

陈家祠堂位于贡井区和平路顺岩碥33号,是荣县下设贡井分县时管理盐务的县丞居住的府邸,是自贡现存唯一因盐设邑的物证。清雍正八年(1730)分属富顺、荣县的自流井和贡井因盐业兴盛,分别建立自流井县丞署和贡井县丞署,成为富顺县和荣县的分县,专管盐务。陈家祠堂紧靠贡井县丞署,建于光绪二十六年(1900),占地760平方米,由戏台、正殿、厢房组成规整的四合院,整个建筑为砖木结构,精巧别致,泥塑、木雕、石雕、砖雕俱全,柱、梁、衬、栏、窗、门、斗拱、檐饰、房脊、瓦当装饰精美,柱衬木雕浑圆雄丽。据说,贡井县丞曾在此居住。陈家祠堂是川南地区家族宗祠的实证物,又是自贡盐业发展史上专设县丞署管理盐务的见证物,具有重要的文物价值。2007年,陈家祠堂被公布为四川省文物保护单位。

陈家祠堂门楼

陈家祠堂鸟瞰

陈家祠堂内景

陈家祠堂精美的雕刻

陈家祠堂浮雕

阁乐祠

　　阁乐祠位于沿滩区永安镇老街，是湖广籍客商于清咸丰元年（1851）建成的祠堂建筑，占地面积3000平方米。整体建筑结构呈两重四合院叠加建筑布局，砖木结构，抬梁、穿斗式混合梁架，小青瓦屋面。三座殿堂和左右厢房呈对称性分布，从大门至正殿呈梯级分布，献技楼与中殿之间有一个露天坝，正殿与左右厢房之间有一个小天井相隔，过厅两侧有唤鱼池。石雕、木雕和灰雕遍布整个建筑，十分精美，大多保留完好，雕刻内容大多是反映《三国演义》故事和唐宋诗词等。2012年，阁乐祠被列为四川省文物保护单位。

阁乐祠鸟瞰

阁乐祠内景

阁乐祠内景
（杨宗翔摄）

阁乐祠木雕

阁乐祠石雕

盐商宅邸

自贡盐商凭借井盐生产和运销的兴盛积累了巨额财富，他们不惜耗费大量的财力、物力修建私家宅邸作为自己的生活场所。自贡盐商争造私家宅邸的主要目的是供自家游赏宴乐，同时提高自己的社会地位。于是，无论富荣东场还是富荣西场都有各式名园大宅，争奇斗艳。

胡慎怡堂宅邸

胡慎怡堂宅邸位于贡井区长土镇沿河街144号，是自贡盐场老四大家族之一的胡氏家族的宅邸，整个建筑占地面积约2万平方米，依山傍水，楼台亭阁，水榭云廊，草坪荷湖，戏楼书屋，无一不备，是晚清、民国时期达官贵人和文人聚会的场所。无论建筑规模还是艺术构思，胡慎怡堂宅邸在当时自贡地区的民宅中都是绝无仅有的。胡慎怡堂始建于清道光三十年（1850），当时胡元海在寨子

贡井胡慎怡堂宅邸（李玉摄）

贡井胡慎怡堂宅邸内景

岭下兴建一正二横房舍，作为管理盐业的总柜房，其家亦迁居于此。清同治四年（1865），胡元海长子胡勉斋兴工增筑寨子岭房舍，分上厅、中厅、横房，称为大山新房子。次年，又增筑下厅、财门、仓屋、箫房。宅内分抱厅、横堂

屋、上学堂、下学堂、上厨房、下厨房、总柜房、管事房、男花厅、女花厅等。同治六年（1867），整体建筑落成，名曰"慎怡堂"。光绪二十八年（1902），胡勉斋次子胡汝修又对其进行改扩建，将原建仓屋等移于

贡井胡慎怡堂阁楼

宅右，改建为四重堂正屋，添修前后花厅、水榭、花园，还在宅右添修五开间戏楼，九开间里外间总柜房一院。光绪三十一年（1905），胡汝修在宅左利用灌田上下水池、高树茂林，仿《红楼梦》里的大观园法式，修建祖祠一院，名曰"崇安祠堂"。慎怡堂园林中有著名书法家赵熙的墨迹，题有"灌园""怡堂""花随四时"等匾额及对联，梁启超也书有"大山松所"横额。该宅邸内木雕、石雕、泥塑等遍布，对研究清代自贡盐商建筑、盐业文化、盐业经济的发展具有重要的价值。2012年，胡慎怡堂宅邸被公布为四川省文物保护单位。

1 戏楼　　5 仓屋　　9 中门　　13 柳塘芳榭　17 牌坊　　　21 画舫　　25 报秋半岛
2 洪熹井　6 堂屋　　10 门厅　　14 花厅　　　18 波光云影亭　22 花溪　　26 白荷湖
3 大山松所　7 上厅　　11 月台　　15 侧门　　　19 红荷湖　　23 彦均阁　27 大圆门
4 三角池　8 下厅　　12 水光山色楼　16 崇安祠　　20 碧天幽径　24 万香坪

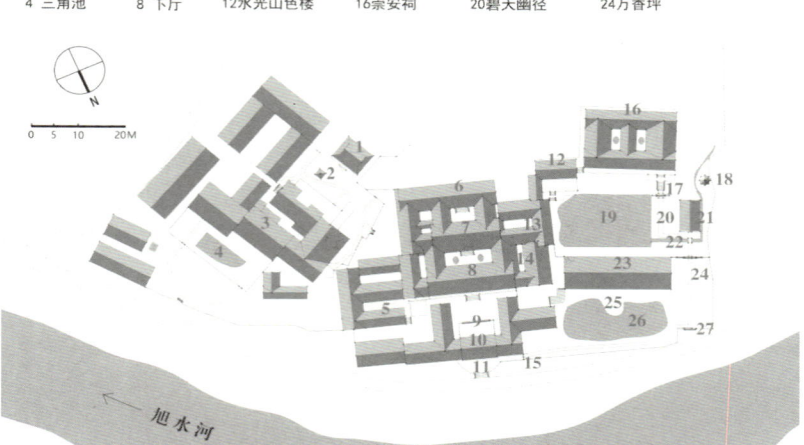

贡井胡慎怡堂建筑平面图（来源：《自贡盐商宅邸胡慎怡堂的历史文化内涵》）

张伯卿公馆

　　张伯卿公馆位于贡井区筱溪街青杠林路2号，是官僚兼盐商张伯卿的私人宅邸。公馆始建于民国12年（1923），由罗马楼、望湖、水榭、园林四大部分组成。公馆的主楼俗称罗马楼，仿照当时重庆德国领事馆的建筑式样建造，建筑面积1148平方米，木石结构，一楼一底，有房间14间，各楼间建有廊道，以雕花石柱隔以层次，廊檐、柱础、屋顶、楼栏皆雕塑人物、动物、花草等图案，是中西建筑结合的典型代表，具有很高的历史价值、艺术价值和科学价值。张伯卿公馆的园林空间占地面积8万余平方米，园内植物众多，尤以桂花、茶花、白兰花"三花"著称，其中桂花最具盛名，现有桂花树5000余株。独有的花园及亭、台、楼、阁、湖、榭、花径围绕主楼，构成了一座既恢宏气派又紧凑散漫的园林式建筑群。张伯卿公馆在1957年作为贡井人民公园对外开放，2013年被公布为全国重点文物保护单位。

张伯卿公馆全景（李玉摄）

张伯卿公馆侧面

张伯卿公馆背面

胡廷洁公馆

胡廷洁公馆又称"洁居",坐落于自流井区新街富台山社区,位于釜溪河畔,东与法藏寺毗邻,北隔釜溪河与王爷庙相望,是自贡盐商胡廷洁的公馆。其建造于20世纪40年代,由法国建筑设计师设计,采用西式建筑手法依山修造,坐西北向东南,建筑面积约540平方米。整个建筑为两层砖木结构的西式公馆,四周由高约4米的山墙环绕。公馆大门外有9级石踏步,主楼有房间8间,面阔19.8米,进深13米,通高9.8米。第一层地面为黑白细石水磨石,楼梯和二楼地板均为木质结构。右侧厢房、厕所共4间。其整体保存较好,现为居民住房。

胡廷洁公馆侧面(杨宗翔摄)

胡廷洁公馆(杨宗翔摄)

天禄堂

天禄堂位于贡井区筱溪街育才路1号,是贡井大盐商余述怀的宅邸。民国12年(1923),余述怀在贡井买下源昌枧旧址,改建为住宅,取名"栗园",命其堂为"天禄堂",意为福从天赐。其占地面积2376平方米,为复合型四合院,厅堂雅致,装饰平实质朴,拙中见巧,布局结构严谨,功能分区明确。它既是住宅，又是余家经营企业的总机构，共有房屋百余间，楼台亭榭，一应俱全，花木葱茏，景色宜人。天禄堂在2009年被公布为自贡市文物保护单位，现为贡井区委办公场所。

天禄堂（杨宗翔摄）

天禄堂内景

涵　园

涵园位于自贡市中心东兴寺大桥旁，是自贡盐场新四大家族之一的侯策名的宅邸。涵园建于1946年，是一座融中西风格为一体的建筑。其始名"天府"，后更名"涵园"。该院建筑考究，坐落于小山之上，俯瞰釜溪河，一楼一底，墙体青砖水磨平砌，杉料梁柱，楠木地板梯台，础石为坚硬的黄浆石，计厅堂、书斋、寝室、厨房等20余间，楼上楼下均环绕亮敞的走廊，楼上楼下的立柱等距做成黑白碎石洋灰之水磨柱石。院外设围墙，院内小山之上广植果树，隙地布置花园，绿草如茵，名花艳丽，径道两旁植楠木、花树。整个建筑簇拥在幽静而清爽的园林之中，自贡市盐务管理局曾设立于此，现为四川久大盐业（集团）公司办公用房。2019年，涵园被公布为四川省文物保护单位。

涵园

涵园侧景

罗　园

　　罗园位于自流井区塘坎上，是自贡盐场新"四大家族"之一罗筱元的宅邸。其始建于民国36年（1947），占地约150亩。园内建筑依山就势，错落有致，古木参天，曲径通幽，亭台假山点缀其间，花香鸟语，四季宜人。罗园于1959年改建为自贡市委招待所，1986年更名为檀木林宾馆，后又几经更名，现为自贡中铁檀木林酒店。

罗园

罗园景致

非物质文化遗产

自贡地区的船工号子、中华老字号太源井晒醋、富顺豆花制作技艺、盐帮菜经典菜系水煮牛肉等传承至今的非物质文化遗产，还有放水节、王爷会等已消失的地方会节，都与自贡历史上长期的食盐运销有深刻的关联。

船工号子

"船到滩头水自开，王爷菩萨要钱财。你要钱财拿给你，保佑盐船上滩来。"[1]这是旧时釜溪河上的一段船工号子唱词。运盐船工们在长期的高强度航运过程中，为统一纤夫拉纤的步调和船工们扳桡的节奏，闯滩斗水，形成合力，创造出釜溪河船工号子。据调查，这些船工号子包括平水号子、拉滩号子、下水号子、下滩号子、上水号子、抓抓号子、提脚斑鸠号子等。其中较有代表性的盐船号子有《五金扛运号子》《幺姑（儿）一齐来》《死了男人好心焦》《龙恋沧海凤恋山》《鸡初鸣设早期》等。[2]李贵阳先生在《沿滩古镇：千年盐运第一城》一书中，对釜溪河流域盐船号子中的拉滩、下水、下滩、上水、抓抓号子、提脚斑鸠号子、平水单人撑船等不同类型号子的唱词及乐谱做了翔实的抢救性记录。[3]随着交通条件的根本性改善和社会经济的变迁，釜溪河两岸的船工号子早已退出历史舞台，现有舞台展演性的"船工号子"，让人们回味旧时盐船顺水运输和载百货逆水返回自流井的悠悠岁月。

会 节

放水节是自贡盐场因食盐的运输而产生的重要生产性会节。釜溪河是自贡盐场的"生命之河"和"经济动脉"，中华人民共和国成立前，自贡盐场所产的

---

[1] 李贵阳：《沿滩古镇：千年盐运第一城》，中国文史出版社2014年版，第42页。
[2] 曾静：《自贡盐工号子审美研究》，四川师范大学硕士学位论文，2012年。
[3] 李贵阳：《沿滩古镇：千年盐运第一城》，中国文史出版社2014年版，第40-55页。

食盐几乎全赖釜溪河水域外运出境。但是，釜溪河滩险多、水浅，河道非常狭窄，人们不得不分河段逐级修筑木堰或石堰，以储河水，待水位上升到盐船载重通行的时候方能打开堰门。于是，自贡盐场便逐渐形成了一个纯粹由盐运活动演化而来的会节——放水节。此节在每年第一次开堰放水时举行，一般是在正月上旬或中旬，由地方官员主持，盐务官员到场一同祭祀水神、龙王，祈求多降雨水及盐船运输一路平安。届时，鳞次栉比的盐船队伍整装待发，大小盐商尤其是运盐商和船工都来参加祭祀，仪式完毕开堰放水，盐船便顺流而下。民国初期，樵斧（傅崇矩）在《自流井》中对放水节的情形做了极为形象的描述："竟把官场作戏场，新年开堰要行香。绅商烦演改良戏，局长登台唱祭江。"①

王爷会是自贡井盐运输活动中的另一民俗节日。古代乃至近代，食盐的水路运输均有很大的风险，自贡运盐船工们由此形成了祭祀镇江王爷的传统。相传，镇江王爷的生日是农历六月初六，此日自流井的王爷庙必办王爷会，祈求盐船一路平安。每当祭祀开始的时候，鼓乐齐鸣，人头攒动，岸边的盐船上贴满红纸钱标，盛况空前，王爷会成为自贡盐场盛大的节日之一。②

诗　词

许多诗词描绘了昔日自贡盐场及釜溪河运盐的情景，是盐运文化的组成部分。其中，刘慎知和樵斧等创作的盐运诗词，不仅脍炙人口，且极具写实意味。刘慎知，清末自流井人，曾写有一组民歌体的《富荣场景诗》（八首），以百姓语言写百姓身处的自贡盐场面面观，饶有情趣。樵斧民国初年在自贡盐场做了深入的调查，写成自贡盐场"百科全书"式的《自流井》（第一辑），此中的《自井杂事诗》收录有盐运诗歌。此外，还有民国20年（1931）《富顺县志》收录的朱云骏作《邓井关》等描写井盐运输的诗歌。

---

①樵斧：《自流井：滑稽竹枝词十四首》，成都聚昌公司1916年版。
②钟长永等：《千年盐都》，四川人民出版社2002年版，第147页。

富荣场景诗

刘慎知

盐　船

橹船歪脑壳，五支为一伴。
行止如雁行，恰运一傤盐。

水　闸

水闸兴修起，其利难胜言。
既可运盐货，又能灌农田。

大板车

运盐大板车，力士十人携。
上坡齐嗨哟，下坡来了哩。

自井杂事诗

樵　斧

楚尾吴头各有名，井河船只具奇形。
偏头侧尾人休笑，负担由来最不平。

邓井关

朱云骏

富义标形胜，雄关水四围。
船迎层雾上，峡束怒涛飞。
贩竖缘林杪，禽声入翠微。
星轺访盐策，延赏憩烟扉。

饮　食

富顺豆花

富顺豆花是自贡的地方特色名小吃，是自贡盐场菜系的重要组成部分。其起源可追溯至三国时期。经过不断实践，富顺豆花形成了一套完整的工艺。先用石磨把已经浸泡过的黄豆磨成豆浆,再将过滤后的豆浆下锅煮制,待豆浆煮熟后,将配制好的"咀巴水"(制盐副产品)兑入豆浆中,豆浆凝结后即成豆花。吃豆花,味道在蘸水,蘸水的做法非常讲究,通常将新鲜辣椒捣烂制成"糍粑海椒",再加入特制豆油、麻油、芝麻、花生、黄豆、桃仁、南瓜子,洒上香葱或藿香(俗称鱼香)丝等即成。烫、嫩、绵、白的豆花配上麻、辣、鲜、香、甜的蘸水,为富顺豆花之特色。近年来,富顺举办"富顺豆花节",邀请各地美食家品尝豆花美味。富顺豆花制作工艺已入选四川省非物质文化遗产名录。

富顺豆花

太源井晒醋

釜溪河畔的太源井是一个因盐的生产和运输而兴盛繁荣之地,太源井晒醋亦因盐业经济而得到发展。清道光元年(1821),紧邻太源井的老鸦滩建起了石堰,釜溪河上的盐船在这里盘滩过坳。老鸦滩阻塞了船航,也留住了船工,成百上千的船工在这里依次等待过滩。一时间,太源井街房临河,人声鼎沸,形成了"三步一堂、五步一店"的繁荣昌盛局面。由石板铺就的宽大路面是自流井通往富顺的老大路,人来人往,商贾叫卖之声不绝于耳。南来北往的行人,运盐的挑夫、马帮、商贩大都歇足太源井，旅馆客栈门前的大红灯笼总是高高悬挂，十分亮眼，呈现出"未晚先投宿，鸡鸣早看天"的景象。河中常常停泊上百只盐船，场面甚为壮观。酒肆、茶店、饭馆越来越多，形成繁盛的商贸集镇，各类酿造业也应运而生，其中以晒醋酿造最为有名。

清道光年间（1821—1850），太源井已盛产晒醋。清同治年间（1862—1874），太源井晒醋已成为富顺县有名的土特产，年产大约3000斤，行销川南、川东和湖北沿长江的数十州县。太源井晒醋酿造技艺沿用道光年间研制的传统秘方，经几代酿造掌缸师的不断探索、挖掘和传承，以麸皮、大米为主要原料，保留传统中药配方，采用丁香、银华、甘草等多种中草药制曲，经蒸煮、发酵、日晒、陈酿等工艺流程和20多道工艺制成。中华人民共和国成立后，"太源井"牌特级、一级、二级、大众晒醋多次获国家及省、市名、特、优产品评比奖励。太源井晒醋已获得"中华老字号"金字招牌，太源井晒醋酿制技艺亦入选四川省非物质文化遗产名录。

太源井晒醋

太源井晒醋晒场

水煮牛肉

水煮牛肉是自贡盐场菜系的首席之作，也是川菜的佼佼者，亦是川味水煮菜系之发端。富顺、荣县盐井用的役牛淘汰后，盐工们常用盐、辣椒、花椒作佐料煮牛肉吃，既经济又可口。后经厨师不断改进用料和制作方法，特别是20世纪30年代著名厨师范吉安改制烹饪的水煮牛肉，成为流传各地的一道传统名菜。该食品是先将牛肉切成极薄而均匀的片，加精盐、姜米、料酒等，拌码入味后，用蛋清、豆粉上浆，散入沸汤中与菜薹或莴笋片同煮，大约菜片七分熟、肉片八分熟时起锅，再将用辣椒、花椒新鲜炼制的"双椒油"淋到菜片和肉片上而成。此食品的牛肉片，不是用油炒的，而是在辣味汤中烫熟的，故名水煮牛肉。其特点是麻、辣、鲜、香、烫，肉质滑嫩，入口化渣，油而不腻。该菜1981年被选入《中国菜谱》。

水煮牛肉

掌盘牛肉

掌盘牛肉源于自贡盐场江河边的盐码头。自清中叶起，自贡井盐开始大规模外运，盐码头上的盐商富贾及搬运工人常常忙于装船，顾不上吃饭，于是餐馆老板令店小二手托食盘，食盘上放着大块牛肉，穿梭于忙碌的人群中叫卖，现卖现切，用新鲜荷叶包装。盐码头上的食客来自四面八方，考虑各地饮食口味的不同，掌盘牛肉保持原汁原味，只是配以不同的佐料来满足各地食客对口味的需求。掌盘牛肉因将风味凉拌牛肉粑儿盛于食盘中兜售而得名。掌盘牛肉用料考究，需选用新鲜的二刀腿精牛肉，洗净后切成半斤左右一块，放进锅里掺适量清水，用大火煮沸约10分钟，再换用文火煮熟透为止。佐料选用太源井的晒醋、邓井关大河街的口磨豆油、富顺城关后街的小磨麻油、内江临江寺的豆瓣、七星熟油海椒，另外还配有葱花、鱼香、姜蒜水、花椒粉、胡椒面等。掌盘牛肉具有麻、辣、鲜、化渣的特点。

退鳅鱼

退鳅鱼是产于自贡富顺地区很短一段河道的一种珍贵鱼类。它属鳗鱼类，无鳞、软体，形、色似鲢胡，嘴尖，头偏小，青脊，身瘦长，最大的重0.5千克左右。因其产量极小、捕捞时间短、出水即死，故特别名贵，食用退鳅鱼成本极高。自流井的王三畏堂等大盐商特别喜食退鳅鱼，然而自流井与退鳅鱼的产地相距百里，为满足自己的口腹之欲，他们命人在渔船上事先置备锅灶、调料等，待退鳅鱼捕捞上来后，立即在船上烹饪，鱼做好后放入食盒，在食盒外面用棉絮层层包裹保温，再由壮劳力充当脚夫，以约十里一换的方式，历经百十里路，将温度尚存、鲜美可口的退鳅鱼呈上餐桌。其吃法之奢华，可与杨贵妃食鲜荔枝媲美。

罗氏糍粑

罗氏糍粑主要是供盐担子食用的一种食品。旧时挑运盐巴的力夫，往来于附近的乡镇和县城，沿大路的乡场和山间坳口都开有糍粑店，出售供力夫食用的糍粑，其中，以罗氏糍粑最为有名。自清道光时期起，自流井糍粑坳（今属沿滩区）就是盐担子歇脚之处。在其坳口上，有一罗姓人家开了一家小食店专门经营糍粑，为来往的盐担子提供方便。该食品用一半糯米和一半饭米混合浸泡一天左右，滤干水，放进木甑蒸熟，然后倒入石臼舂至胶状，捏成小团或饼状，置通风干燥处阴干，食用时蘸以拌有椒盐的黄豆面。罗氏糍粑好吃耐饿、价廉物美，深受盐担子的喜欢。这样一传十、十传百，从此名声大振，人们便把此地称为糍粑坳。

黄氏蜇蜘儿（蜘蛛）粑

黄氏蜇蜘儿（蜘蛛）粑，俗名"圈圈粑"，又称"转转粑"，至迟起源于20世纪40年代。当时，贡井滩坝和大桥头有很多运盐、运煤的下力者，早晨忙碌，不便坐下来吃饭，以油条、油饼等方便面食充饥，边走边吃。有商贩将面团、精盐、花椒粉搓成粗条，再像蜘蛛网一样绕成圆圈，然后放入油锅里炸制，取名蜇蜘儿（蜘蛛）粑。因其物美价廉，且携带方便，深受大众欢迎。其中，贡井平桥黄绍荣制作的蜇蜘儿（蜘蛛）粑皮酥、味美，独具特色，名气最大。

郑抄手

郑抄手因其发明人郑义发（1895—1960）而得名。20世纪30年代初，郑义发到自流井三圣桥帮一家面店做擀面工作。民国23年（1934）开始，他自备担子卖抄手、面，常在三圣桥、牛氏巷、兴隆街等地穿街走巷，沿途叫卖。他特别注重质量，讲求信誉，服务周到，他做的抄手逐渐以"郑抄手"闻名。民国30

年（1941），郑义发在自流井三圣桥西秦会馆侧正式开店营业，店名即为"郑抄手"。郑抄手的特点是皮薄馅多、质滑爽口、微辣鲜香，成为具有地方特色的风味小吃。1985年，郑抄手被自贡市商业局命名为地方名小吃，1990年获"四川省风味小吃"称号。

五香豆腐干

五香豆腐干是一种经卤制而成的豆制品，尤其是贡井牛栏湾林开勤制作的五香豆腐干最具特色、最为有名。牛栏湾位于贡井虎头桥东端坡上，是过去贡井通往自流井的必经之地，沿途盐商、盐担子等络绎不绝，小食店生意红火，过往行人最喜欢用来佐酒下饭的就是五香豆腐干。林开勤9岁随父在豆腐坊学艺，年轻时就成为制作豆制品的一把好手。其制作的五香豆腐干具有寸小方正、厚薄均匀、色泽褐亮、绵中带香、口感细腻、回味悠长的特点。

参考文献

[1] 熊葵向, 周士诚. 富顺县志, 1760.

[2] 段玉裁. 富顺县志, 1777.

[3] 樵斧. 自流井. 成都聚昌公司, 1916.

[4] 林振翰. 川盐纪要. 上海: 商务印书馆, 1919.

[5] 吴炜. 四川盐政史, 1932.

[6] 杨公庶, 王舜绪. 川南盐场概况与关系工业最近之展望, 1937.

[7] 张肖梅, 朱觉方. 川盐实况及增产问题, 1939.

[8] 朱宝岑. 川康盐务管理局工程处整理盐井河航道工程概略, 1942.

[9] 谭旦冏. 中华民间工艺图说. 台北: 华冈出版部, 1972.

[10] 中共中央马克思恩格斯列宁斯大林著作编译局. 马克思恩格斯全集（第46卷）. 北京: 人民出版社, 1979.

[11] 宋良曦, 钟长永. 川盐史论. 成都: 四川人民出版社, 1990.

[12] 自贡市交通管理委员会. 自贡市交通志. 成都: 四川辞书出版社, 1991.

[13] 王仁远, 陈然, 曾凡英. 自贡城市史. 北京: 社会科学文献出版社, 1995.

[14] 钟长永, 黄健, 林建宇. 千年盐都. 成都: 四川人民出版社, 2002.

[15] 李贵阳. 沿滩古镇: 千年盐运第一城. 北京: 中国文史出版社, 2014.

[16] 自贡市地方志编纂委员会. 自贡市志. 北京: 方志出版社, 2014.

[17] 厉华. 抗战记忆: 台湾征集图片集（1931—1945）. 重庆: 重庆出版社, 2016.

[18] 自贡市盐业历史博物馆. 川盐文化圈图录: 行走在川盐古道上. 北京: 文物出版社, 2016.

[19] 四川省文物局. 自贡玉川公祠申报第七批全国重点文物保护单位申报书, 2009.

[20] 四川省文物局. 自贡陈家祠堂申报第七批全国重点文物保护单位申报书, 2009.

[21] 四川省文物局. 自贡盐运水道申报第七批全国重点文物保护单位申报书, 2009.

[22] 自贡市第三次全国文物普查领导小组办公室. 自贡市第三次全国文物普查重要不可移动文物名录, 2012.

[23] 朱偰. 自流井视察记. 世界文化, 1941 (4).

[24] Salt for China's daily rice. The national geographic magzaine, 1944 (9).

[25] 曾静. 自贡盐工号子审美研究. 成都: 四川师范大学, 2012.

[26] G R G Worcester. 长江上游盐井河段歪头运盐船的历史与制造技艺. 伍伶飞, 译. 盐业史研究, 2017 (3).

[27] 熊文昊, 黄斯靖, 蔡军, 等. 自贡盐商宅邸胡慎怡堂的历史文化内涵. 盐业史研究, 2019 (4).

后　记

自贡，是我国西南地区"以卤代耕"的井盐工业区，食盐生产繁盛，并以井盐产场为中心，形成了四通八达的井盐外运路线，留下了大量与盐的运输紧密相关的道路交通型文化遗产。

近20年来，尤其是2014年以来，著者深度参与了自贡市盐业历史博物馆组织的多次自贡盐运古道考察活动，同时还利用节假日到各条老大路、传统集镇、老街、码头、船闸、会馆庙宇、盐商宅邸及山野进行调查，结合地方志、盐业史籍、盐业档案和近代调查报告等资料，对自贡境内的盐运路线和井盐运输遗产进行梳理，进而合力完成撰写工作。程龙刚负责本书框架的设计、统稿和审稿工作，拍摄本书所配的主要图片，并撰写"盐道形成"中的"自贡盐运路线"，"陆路盐道""水路盐道"，"盐运碑刻"中的"漆树乐善坊碑"，"传统聚落""传统建筑"，"非物质文化遗产"中的"饮食"；邓军负责撰写"盐道形成"中的"自贡井盐生产""自贡井盐销区"，"陆路盐道"中的"回龙桥古盐道""大石门古盐道"，"水路盐道"中的"凤凰桥""观音桥""高硐桥"，"盐运碑刻"，"传统聚落"中的"漆树老街"，"传统建筑"中的"自流井炎帝宫""罗园"，"非物质文化遗产"中的"船工号子""会节""诗词"。在此，我们特别感谢四川省文物局、自贡市文化广播电视和旅游局、自贡市各区县文物管理所等单位提供的支持，感谢李玉、杨宗翔、程悦菲、侯虹、缪自平、杨焕明等同志提供的帮助及杨岳峰、居碧娟编辑对本书及本套丛书出版给予的大力支持和充分理解。

不可否认的是，因学识、调查、文献利用等原因，本书定存在相应的不足。我们相信，随着田野调查和历史档案文献研究的深入，以及多学科研究视野的扩展，自贡地区食盐外运路线及其相关的文化遗存亦会更加清晰和丰富多样。

遗产的保护和研究任重而道远，我们真诚期望自贡盐业遗产在各方面的共同努力下，在千年盐都得到更好的保存、保护和利用。

著　者

2021年5月